만들어두면 일주일이 든든한
오늘의 밑반찬

책을 내며

밑반찬과 장아찌,
미리 만들어놓으면 밥상 차리기가 쉬워져요

많은 주부들이 매일 하는 고민 중 하나가 오늘 저녁엔 뭘 해 먹느냐 아닐까요? 가족을 위해 식사를 준비하는 주부는 물론 혼자 사는 사람들까지도 저녁 식사만큼은 영양이 풍부하고 맛있는 음식을 준비하려고 하기 때문이죠. 요리하는 것이 직업인 저도 저녁 메뉴, 고민될 때가 더러 있습니다.

매일 새로운 음식 한 가지는 밥상에 올려야지 하면서도 그렇게 하기는 쉽지 않습니다. 그래도 주부로서 경력이 붙다보면 밥상 차리기가 예전만큼 고민되지 않아요. 오래 두어도 맛이 그대로인 밑반찬으로 냉장고를 채워놓거든요. 만들어둔 밑반찬 몇 가지에 찌개나 국 하나 더 끓여 올리면 든든한 식탁이 완성됩니다.

밑반찬은 불고기나 갈비찜같이 식탁에 오르면 시선을 한 몸에 받는 요리는 아닙니다. 수수하고 보잘것없어 보이지만 빠지면 왠지 모르게 허전한 그런 반찬이죠. 소박하지만 정갈한 맛의 밑반찬으로 식탁을 채워보세요. 하나하나 만들다보면 엄마의 손맛이 생각나고 고향의 맛도 떠오를 거예요. 어릴 적 엄마가 해주던 그 반찬이고, 할머니 집에서 먹던 그 장아찌이니까요.

이 책에서 우리 밥상에 자주 올릴 만한 건강하고 맛있는 밑반찬이 어떤 것이 있는지, 또 어떻게 맛을 내고 응용하면 좋을지에 대해 차근차근 짚어보았어요. 그뿐만 아니라 밑반찬 재료를 어떻게 하면 신선하게 보관할 수 있고 갈무리하는지도 꼼꼼하게 담았습니다. 이 책이 주부들의 반찬 준비 고민을 덜어주는 것은 물론, 하루하루 가족을 힘나게 하는 밥상 차림에 도움이 되기를 바랍니다.

최승주

차례

책을 내며 2

기억해두면 좋은 식품 계량법과 어림치 … 6
맛있는 밑반찬의 기본, 양념장 만들기 … 8
기본 밑반찬 재료 신선하게 보관하기 … 10
계절별 제철 재료 갈무리하기 … 12
1년 내내 맛있게 제철 장아찌와 젓갈 캘린더 … 16

CHAPTER.1 고기 · 달걀

쇠고기장조림 … 20
돼지고기장조림 … 22
등갈비강정 … 24
닭고추장조림 … 26
닭봉조림 … 28
장똑똑이 … 30
약고추장 … 32
반숙달걀장조림 … 34
메추리알장조림 … 36

CHAPTER.2 해산물 · 해조류

북어포양념구이 … 40
북어찜 … 42
북어포고추장무침 … 44
코다리조림 … 46
꽁치조림 … 48
양미리조림 … 50
오징어간장조림 … 52
오징어채간장볶음과 오징어채고추장볶음 … 54
무오징어무침 … 56
잔멸치볶음 … 57
중멸치고추장볶음 … 58
마른새우볶음 … 60
뱅어포볶음과 뱅어포고추장구이 … 62
간장게장 … 64
꽃게무침 … 66
간장새우장 … 68
마른 홍합살조림과 마른 조갯살조림 … 70
오징어젓무침 … 72
굴젓무침 … 73
미역줄기볶음 … 74
김무침 … 76
다시마튀각 … 78
미역자반 … 80
3가지 맛 어묵볶음 … 82

CHAPTER.3 채소

연근조림 … 86
우엉조림 … 88
감자조림 … 90
알감자조림 … 92
콩자반과 땅콩조림 … 94
두부조림 … 96
더덕구이 … 98
새송이버섯간장조림 … 100
마른 표고버섯들깨볶음 … 102
시래기된장볶음 … 104
깻잎찜 … 106
깻잎볶음 … 107
마늘종조림 … 108
마늘종새우볶음 … 109
꽈리고추멸치조림 … 110
풋고추찜 … 112
고추부각 … 113
무말랭이무침 … 114
무말랭이볶음 … 115
단무지무침 … 116
신김치무침 … 117

CHAPTER.4 장아찌 · 피클

더덕장아찌 … 120
두릅고추장장아찌 … 122
매실장아찌와 매실장아찌무침 … 124
우엉미소된장장아찌 … 126
무된장장아찌와 무장아찌무침 … 128
연근초절임 … 130
양파장아찌 … 132
깻잎된장장아찌 … 134
마늘간장장아찌 … 135
마늘종간장장아찌 … 136
마늘종고추장장아찌 … 137
풋고추간장장아찌 … 138
풋고추된장장아찌 … 139
오이지무침 … 140
오이피클 … 141
무피클 … 142
양배추피클 … 144

찾아보기 … 146
도서목록 … 148
판권 … 152

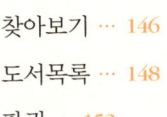

• 요리하기 전 알아두세요

기억해두면 좋은 식품 계량법과 어림치

재료를 정확히 계량해서 준비해두면 더 맛있는 밑반찬을 만들 수 있어요. 저울이나 계량스푼 같은 계량 도구가 가장 정확한 방법이지만 일일이 재는 것이 귀찮다면 어림치를 알아두어도 좋아요.

계량 도구

저울
작은 단위로 나눠진 저울이나 디지털 저울이 좋다. 저울은 반드시 평평한 곳에 놓고 사용해야 하며 그릇에 담아 잴 때는 그릇을 먼저 올려놓고 눈금을 0에 맞춘 뒤 재료를 담는다.

계량컵
내용물과 눈금을 정확히 확인하려면 투명한 플라스틱이나 유리로 된 계량컵을 쓰는 것이 좋다. 눈금을 확인할 때는 평평한 곳에 계량컵을 올려놓고 눈금과 눈높이가 수평이 된 상태에서 보는 것이 정확하다.

계량스푼
적은 양을 계량할 때 유용하다. 주로 사용하는 것은 큰술 기준인 15mL와 작은술 기준인 15mL이다. 가루는 수북하게 담아 젓가락 등으로 평평하게 깎아내고 액체는 찰랑거리게 담는다.

1큰술 = 15mL
일반적인 밥숟가락에 수북이 담은 양

1/2큰술 = 7.5mL
밥숟가락에 조금 봉긋하게 담은 양

1작은술 = 1/3큰술 = 5mL
찻숟가락에 수북이 담은 양

1/2작은술 = 2.5mL
찻숟가락에 2/3 정도 담은 양

1컵 = 13.5큰술 = 200mL
종이컵에 가득 담은 양

1줌
한 손으로 가볍게 잡은 정도

조금
엄지와 검지로 가볍게 잡은 정도

자주 쓰는 재료의 100g 어림치

감자 = 작은 것 1개 | 당근 = 큰 것 1/3개 | 양파 = 1/2개 | 오이 = 1/2개 | 애호박 = 1/2개 | 무 = 9cm×1.5cm (지름×길이)

양배추 = 1/8포기 | 시금치 = 7포기 | 콩나물 = 1줌 반 | 풋고추 = 8개 | 마늘 = 20쪽 | 양송이 = 5개

덩어리 고기 = 8×6×1.5cm | 다진 고기 = 3/4컵 | 닭가슴살 = 1쪽 | 닭다리 = 중간 것 1개 | 새우살 = 12개 = 3/4컵 | 두부 = 6×5×3cm

자주 쓰는 재료의 무게 어림치

채소 · 버섯	
감자(작은 것) 1개	85g
감자(큰 것) 1개	210g
당근(큰 것) 1개	330g
양파 1개	250g
대파 1뿌리	45g
오이 1개	210g
가지 1개	120g
무 10cm	460g
연근 1개	300g
우엉(지름 3cm) 20cm	100g
풋고추(큰 것) 1개	20g
깻잎 10장	10g
시금치 1포기	14g
고사리 · 쑥갓 · 미나리 · 부추 1줌	100g
표고버섯(큰 것) 1개	20g

고기 · 달걀	
쇠고기 주먹 크기	120g
닭다리 1개	100g
달걀 1개	50g

해물 · 건어물	
고등어 1마리	400g
조기 1마리	50g
오징어 1마리	250g
게 1마리	200g
새우(중하) 1마리	18g
굴 1컵	130g
모시조개 1개	25g
북어포 1줌	15g
잔멸치 1줌	15g
다시마(10×10cm) 1장	35g

가공식품	
두부 1모	480g
어묵(네모난 것) 1장	30g
어묵(둥근 것) 10cm	50g

양념	
간장 1큰술	13g
된장 1큰술	20g
고추장 1큰술	20g
고춧가루 1큰술	8g
굵은소금 1큰술	18g
고운 소금 1큰술	6g
설탕 1큰술	12g
통깨 1큰술	8g
다진 마늘 1큰술	12g
올리브오일 1큰술	12g

• 요리하기 전 알아두세요

맛있는 밑반찬의 기본, 양념장 만들기

기본적인 양념 만드는 법을 알아두면 밑반찬 만들기가 훨씬 쉬워져요. 기본양념 공식을 따라해본 뒤 입맛대로 가감해 자신만의 레시피를 만들어보세요. 밑반찬은 물론 다른 요리에도 응용할 수 있어요.

조림 양념

두부나 감자, 멸치 등을 달콤하거나 칼칼하게 조릴 때 잘 어울리는 양념이다. 양념 재료를 따로 한 번 끓여서 사용하면 더 깊은 맛을 낼 수 있다.

간장조림 양념 두부, 콩, 건어물, 감자 등을 달착지근하게 조릴 때 쓴다.
재료 간장 1/2컵, 설탕·청주·다진 마늘 1큰술씩, 물엿 2큰술, 생강즙 1/2작은술, 마른 고추 2개, 물 1컵

매운 조림 양념 코다리나 두부, 어묵 등을 칼칼하게 조릴 때 잘 어울린다.
재료 간장 3큰술, 고춧가루·설탕 1/2큰술씩, 다진 파 1큰술, 다진 마늘 1작은술, 참기름·깨소금 1작은술씩

찜 양념

생선을 비롯해 각종 해산물이나 고기로 찜을 만들 때 좋은 양념이다. 주재료의 맛을 살리면서 양념의 맛도 진하게 느낄 수 있게 만드는 것이 포인트다.

해물찜 양념 동태, 대구, 아귀, 미더덕 같은 해물로 매콤하게 찜을 할 때 쓴다.
재료 고춧가루 4큰술, 간장·다진 마늘 2큰술씩, 설탕·다진 생강 1/2큰술씩, 다진 파 3큰술, 참기름 1작은술, 소금·후춧가루 조금씩, 녹말물 1/3컵, 멸치국물 3컵

고기찜 양념 쇠고기나, 돼지고기, 닭고기로 부드럽고 감칠맛 나는 찜을 만들 때 잘 어울린다.
재료 설탕·다진 마늘·참기름·깨소금 1큰술씩, 물엿·다진 파 3큰술씩, 청주 2큰술, 간 배·간 양파 1/2컵씩, 소금·후춧가루 조금씩, 간장 5큰술

무침 양념

각종 나물이나 해산물 등을 감칠맛 나게 무쳐내기에 좋은 양념이다. 미리 만들어두기보다 조리할 때 바로 만들어 쓰는 것이 향과 맛을 살리는 데 좋다.

국간장 양념 시금치나 콩나물을 간간하고 담백하게 무칠 때 잘 어울린다.
재료 국간장 1½큰술, 설탕·다진 파 1큰술씩, 다진 마늘·참기름 1/2큰술씩, 통깨 적당량

매운 양념 오징어나 북어포, 골뱅이, 오이, 미역 등을 매콤달콤하게 무치기에 좋다.
재료 고춧가루·식초·물엿 2큰술씩, 소금 조금, 고추장·간장·설탕·다진 파 1큰술씩, 다진 마늘·참기름 1/2큰술씩, 깨소금 1작은술

된장 양념 풋고추, 냉이, 우거지 등을 구수하게 무칠 때 잘 어울린다.
재료 된장 2큰술, 고추장·다진 마늘 1/2큰술씩, 고춧가루·설탕 1작은술씩, 다진 파 1큰술, 참기름·깨소금 조금씩

고기 양념

누린내를 없애고 육질을 부드럽게 하는 양념으로 어느 종류의 고기에도 잘 어울린다. 설탕 대신 파인애플이나 배를 갈아넣으면 고기도 더 부드러워지고 감칠맛이 난다.

불고기 양념 기본적인 고기 양념으로 쇠고기를 비롯해 여러 종류의 고기에 두루 어울린다.
재료 간장 3큰술, 설탕·고춧가루 1/2큰술씩, 다진 파 1큰술, 다진 마늘·참기름·깨소금 1작은술씩

매운 볶음 양념 돼지고기나 닭고기, 오징어나 낙지 등을 매콤하게 볶을 때 쓴다.
재료 고춧가루 5큰술, 고추장 3큰술, 간장·물엿·청주·다진 파 2큰술씩, 설탕·참기름 1큰술씩, 다진 마늘·깨소금 1/2큰술씩, 다진 생강·소금 1작은술씩, 후춧가루 조금

• 요리하기 전 알아두세요

기본 밑반찬 재료 신선하게 보관하기

가장 많이 쓰이는 재료들을 어떻게 하면 더 오래, 더 신선하게 보관할 수 있는지 알아두세요. 신선하게 잘 보관된 재료를 사용하면 맛내기가 쉬워져 맛있는 밑반찬을 만들 수 있어요.

채소

대파
수일 내에 먹을 분량은 신문지나 키친타월에 싸서 냉장 보관한다. 더 오래 보관하려면 물기를 제거하고 용도에 맞게 썬 뒤 밀폐용기에 넣어 냉동 보관한다.

양파
서로 닿으면 쉽게 물러지므로 분리해 통풍이 잘되고 서늘한 곳에 보관한다. 조리하고 남은 것은 물기를 제거하고 한 개씩 랩으로 감싸 냉장 보관한다.

마늘
깐 마늘은 물기를 제거해 밀폐용기에 담아 냉장 보관한다. 다진 마늘은 비닐봉지에 넣고 금을 그어 얼린 뒤 하나씩 떼어쓴다.

마늘종
줄기 양 끝의 지저분하거나 시든 부분을 잘라내고 용도에 따라 적당한 길이로 썬 뒤 지퍼백에 담아 냉장 또는 냉동 보관한다.

깻잎
잔털에 이물질이 잘 붙기 때문에 흐르는 물에 한 장씩 깨끗하게 씻은 다음 물기를 털지 말고 지퍼백에 담아 냉장 보관한다.

고추
씻어 물기를 제거한 뒤 지퍼백에 넣어 냉장 보관한다. 더 오래 보관하려면 어슷하게 썰어 지퍼백에 담아 냉동 보관한다.

오이
씻지 말고 신문지나 키친타월에 싸서 냉장 보관한다. 오이 꼭지가 위로 가게 세워두면 2~3일 정도 더 보관할 수 있다.

애호박
물기를 제거한 뒤 자른 단면이 마르지 않도록 랩으로 감싸 냉장 보관하거나 용도에 맞게 자른 뒤 지퍼백에 담아 냉동 보관한다.

감자
종이상자에 사과 한두 개를 함께 넣어 어둡고 서늘한 곳에 보관한다. 조리하고 남은 것은 식촛물에 담가 냉장 보관한다.

우엉·연근
흙을 털지 않은 채로 신문지에 싸서 냉장 보관한다. 더 오래 보관하려면 껍질을 벗겨 썬 다음 식촛물에 데쳐 지퍼백에 담아 냉동 보관한다..

무
젖은 키친타월에 싸서 비닐봉지에 담아 냉장 보관한다. 조리하고 남은 것은 표면이 마르지 않도록 랩을 씌우거나 지퍼백에 담아 냉장 보관한다.

배추
신문지로 감싸 통풍이 잘 되는 그늘에 보관하거나 냉장 보관한다. 배추를 싼 신문지에 물을 자주 뿌려두면 더 오래 보관할 수 있다.

새송이버섯
신문지나 키친타월로 감싼 뒤 랩으로 한 번 더 감싸 냉장 보관한다. 더 오래 보관하려면 밑동을 자르고 지퍼백에 넣어 냉동 보관한다.

표고버섯
젖은 행주나 키친타월로 흙이나 먼지만 털어낸 다음 밀봉해 냉장 보관한다. 더 오래 보관하려면 소분한 다음 지퍼백에 담아 냉동 보관한다..

콩나물
용도에 따라 손질해 씻은 다음 밀폐용기에 물을 충분히 부어 냉장 보관한다. 이틀에 한 번씩 물을 갈아주면 더 오래 보관할 수 있다.

두부
밀폐용기에 두부가 잠길 정도로 소금물에 부어 냉장 보관한다. 이틀에 한 번씩 소금물을 갈아주면 더 오래 보관할 수 있다.

고기·해산물

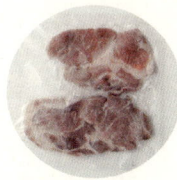
쇠고기·돼지고기
불필요한 지방을 제거하고 용도에 맞게 자른 다음 소분해 표면이 마르지 않도록 랩으로 감싸거나 지퍼백에 넣어 냉동 보관한다.

고등어
손질해 소금물에 씻은 뒤 물기를 제거한다. 고등어 사이사이에 랩을 깔아 밀폐용기에 담는데 토막으로 보관할 경우 하나씩 랩으로 감싸 냉동 보관한다.

게
솔로 구석구석 문질러 깨끗이 닦은 뒤 등딱지, 아가미, 집게발가락 등을 떼어내고 몸통을 먹기 좋게 토막 내 냉동 보관한다.

염장다시마·염장미역
찬물에 1시간 정도 담가 짠맛을 뺀 뒤 깨끗한 물에 비벼 씻고 물기를 빼 용도에 맞게 자른 다음 냉장 또는 냉동 보관한다.

• 요리하기 전 알아두세요

계절별 제철 재료 갈무리하기

제철 채소로 짭조름한 장아찌를 담가두거나 물기 없이 바싹 말려 갈무리해두세요. 해산물로 맛깔나는 젓갈을 담그거나 건어물을 만드는 것도 좋아요. 갈무리한 재료는 사계절 내내 맛있게 먹을 수 있는 밑반찬이 됩니다.

봄

취
소금물에 살짝 데쳐 물기를 꼭 짜내고 지퍼백에 담아 냉동 보관하거나 통풍이 잘 되는 곳에서 바싹 말려 밀봉한 다음 서늘한 곳에서 보관한다.

고사리
연한 고사리를 골라 삶아 물기를 제거한 뒤 햇볕에 바싹 말려 밀봉해 보관한다. 말린 고사리는 따뜻한 물에서 충분히 불린 다음 삶아야 부드러워진다.

마늘
깐 마늘을 식촛물에 삭힌 다음 간장물에 절여 장아찌를 담근다. 통마늘은 겉껍질만 벗겨내고 소금물에 삭힌 뒤 단촛물을 부어 마늘초장아찌를 담근다.

마늘종
깨끗하게 손질해 한입 크기로 썬 뒤 간장물을 부어 간장장아찌를 만든다. 간장장아찌를 건져 간장물을 충분히 뺀 뒤 고추장에 박아 고추장장아찌를 만들어도 좋다.

더덕
껍질을 벗기고 반으로 잘라 방망이로 두드려 편 뒤 통풍이 잘 되는 곳에서 꾸덕꾸덕하게 말린다. 말린 더덕은 고추장에 박아 장아찌를 만든다.

매실
꼭지를 떼고 씻어 완전히 말린 다음 설탕과 함께 묻어 3개월 이상 숙성시킨다. 요리할 때 설탕이나 물엿 대신 사용하면 감칠맛이 난다.

꽃게
알이 가득 찬 봄철 암게를 손질해 간장물을 부어 서늘한 곳에서 보관한다. 오래 두고 먹으려면 중간에 장물만 따라내 다시 끓여 붓는 것이 좋다.

조기
연한 황금빛이 도는 참조기를 골라 깨끗하게 손질한 뒤 소금을 넉넉히 치고 통풍이 잘 되는 곳에서 말려 굴비를 만든다. 굴비는 한 마리씩 랩으로 감싸 냉동 보관한다.

여름

오이
굵은소금으로 문질러 씻은 다음 소금에 절여 물기를 충분히 빼고 된장이나 고추장에 박아 장아찌를 담근다. 끓인 소금물을 부어 오이지를 만들어도 좋다.

애호박
저미듯 얇게 썬 뒤 햇볕에 바싹 말려 호박고지를 만든다. 늙은 호박이나 단호박도 먹기 좋게 잘라 말려 두면 떡이나 제빵 재료로 활용할 수 있다.

감자
껍질을 벗겨 얇게 썬 뒤 찬물에 담가 전분기를 빼고 끓는 물에 소금을 넣어 살짝 데친다. 데친 감자는 햇볕에 뒤집어가며 바싹 말린 뒤 바삭하게 튀긴다.

도라지
껍질을 벗겨 적당한 굵기로 찢은 뒤 통풍이 잘 되는 곳에서 말려 서늘한 곳에서 보관한다. 찬물에 담가 아린 맛을 뺀 뒤 간장물을 부어 장아찌를 만들어도 좋다.

깻잎
깨끗이 씻어 물기를 제거한 깻잎을 소금물에 삭힌 뒤 된장을 발라 장아찌를 만든다. 찹쌀풀을 앞뒤로 발라 말린 뒤 튀기면 깻잎부각이 된다.

풋고추·꽈리고추
풋고추는 소금물에 삭히거나 간장물 또는 고추장에 담가 장아찌를 만든다. 꽈리고추는 밀가루를 묻힌 다음 찜통에 쪄서 무침을 만들거나 햇볕에 바싹 말려 부각을 만든다.

가지
찜통에 쪄낸 다음 길게 찢어 바람이 잘 통하는 곳에서 바싹 말린다. 말린 가지는 밀봉해 서늘한 곳에서 보관하고 볶음나물을 만들 때는 물에 불려 조리한다.

고구마줄기
끓는 물에 소금을 조금 넣어 살짝 데쳐낸 다음 채반에 널어 바싹 말려 보관한다. 말린 고구마줄기는 따뜻한 물에 불려 볶음나물을 한다.

오징어
통풍이 잘 되는 곳에서 꾸덕꾸덕하게 말려 냉동 보관하거나 채 썰어 소금에 절인 뒤 고춧가루 양념으로 버무려 오징어젓을 담근다.

가을

무
소금물을 부어 무짠지를 담그거나 간장이나 고추장, 된장에 박아 장아찌를 담근다. 손가락 굵기로 썬 뒤 햇볕에 바싹 말려 꼬들꼬들한 무말랭이를 만들어도 좋다.

연근
껍질을 벗겨 썬 뒤 식촛물에 담가 떫은맛을 빼고 끓는 물에 삶는다. 삶은 연근은 꿀 또는 설탕에 윤기 나게 조려 정과를 만든다.

토란대
끓는 물에 삶아서 물기를 제거한 다음 햇볕에 바싹 말려둔다. 말린 토란대를 삶았을 때 잡내가 사라지지 않는다면 다시 물에 담가 냄새를 우려내고 조리한다.

고춧잎
소금물에 살짝 데친 뒤 찬물에 헹구어 물기를 꼭 짠 다음 햇볕에 바싹 말린다. 말린 고춧잎은 소금물이나 간장물에 담가 장아찌를 만들거나 무말랭이와 함께 무친다.

버섯
표고버섯은 물에 씻지 않고 먼지만 털어내 햇볕에 바싹 말린다. 느타리버섯은 햇볕에 말리거나 데쳐서 냉동 보관하고 송이버섯은 간장에 담가 장아찌를 만든다.

감
껍질을 벗겨 도톰하게 썬 다음 햇볕에서 꾸덕꾸덕하게 말린다. 말린 감은 살짝 불린 뒤 고추장 양념으로 버무려 감말랭이장아찌를 만든다.

가자미
내장을 제거해 서늘하고 통풍이 잘 되는 곳에 꾸덕꾸덕하게 말린다. 소금에 절인 뒤 조밥과 고춧가루, 엿기름 등으로 버무려 삭혀 식해를 만들어도 좋다.

갈치
비늘과 내장을 제거하고 소금을 절인 다음 2개월 이상 숙성시켜 갈치젓을 담그거나 먹기 좋은 크기로 토막 내 소금을 넉넉히 뿌리고 하나씩 랩으로 감싸 냉동 보관한다.

꽁치
내장을 빼내 깨끗하게 손질한 다음 굵은소금을 넉넉히 쳐서 냉동 보관한다. 겨울철 찬바람에 얼리고 녹이는 것을 반복해서 과메기를 만들어도 좋다.

겨울

무청
김장하고 남은 무청을 엮어서 통풍이 잘되는 곳에서 바싹 말린다. 말린 시래기는 쉽게 부스러지니 소금물에 삶아 물기를 꼭 짠 뒤 지퍼백에 넣어 냉동 보관한다.

대구
손질해 반으로 가른 다음 통풍이 잘되는 곳에서 말려서 냉동 보관한다. 말린 생선은 조리해도 살이 쉽게 부서지지 않아 찜이나 조림을 만들기에 좋다.

명태
명태의 코를 끈에 꿰어 찬바람에 꾸덕꾸덕하게 말려 코다리를 만든다. 소금에 절인 뒤 조밥, 엿기름, 고춧가루 등과 함께 버무려 삭혀 식해를 만들어도 좋다.

명란
소금물에 깨끗이 씻은 다음 고춧가루 양념에 버무린 뒤 2주일쯤 숙성시켜 명란젓을 담그거나 한번 먹을 만큼 소분해 랩으로 감싸 냉동 보관한다.

조개
소금물에 해감한 뒤 신선한 조개의 살만 발라 소금을 뿌려 젓갈을 담근다. 조개젓의 짠맛이 강하다면 쌀뜨물에 담가 염분기를 뺀 뒤 조리한다.

홍합
깨끗하게 손질한 뒤 통풍이 잘되는 곳에서 바싹 말려 냉동 보관하거나 끓는 물에 삶아서 살만 발라낸 다음 지퍼백에 담아 냉동 보관한다.

굴
소금물에 가볍게 헹군 다음 소금에 절이고 고춧가루 양념과 함께 버무려 어리굴젓을 담근다. 더 오래 보관하려면 소금물과 함께 담아 지퍼백에 넣어 냉동 보관한다.

미역줄기
소금물에 주물러 씻어 물기를 제거 한 다음 채반에 널어 통풍이 잘되는 곳에서 말려 냉동 보관한다. 말린 미역줄기 간장물에 담가 장아찌를 만들어도 좋다.

1년 내내 맛있게
제철 장아찌와 젓갈 캘린더

1월	2월	3월	4월	5월	6월
명태			**오이**		
창난젓 명태의 내장을 채 썰어 한 달 이상 소금에 삭힌 다음 고춧가루로 양념한다.			**오이장아찌** 소금물에 삭혀 오이지를 만들거나 소금에 절인 다음 간장이나 된장, 고추장에 2개월 이상 절인다.	**매실**	
	우엉			**매실장아찌** 과육만 발라내 설탕에 한 달 정도 절인 뒤 고추장으로 양념한다.	
	우엉장아찌 식초물에 데친 다음 된장에 박아 이틀 이상 절인다.				**깻잎**
		마늘·마늘종			**깻잎장아찌** 소금물에 절인 다음 간장물이나 된장, 고추장에 박아 하루 이상 절인다.
명란		**마늘장아찌** 껍질을 제거하고 간장물에 일주일 이상 담가 그대로 먹거나 고추장으로 양념한다.	**더덕**		
명란젓 명태의 알을 소금과 고춧가루 양념으로 버무려 2주 이상 숙성시킨다.		**마늘종장아찌** 한입 크기로 썰어 식초물이나 간장물, 고추장에 박아 보름 이상 절인다.	**더덕장아찌** 방망이로 두들겨 편 뒤 꾸덕꾸덕하게 말려 고추장에 박아 한 달 이상 절인다.	**꼴뚜기젓** 알이 없고 크기가 작은 꼴뚜기를 골라 소금에 절여 3개월 정도 숙성시킨다.	
	김 장아찌 여러 장씩 묶어 간장물에 담가 한 달 이상 절인다.	**조기**			
		조기젓 조기의 속에 소금을 채우고 항아리 속에 소금과 함께 켜켜이 담아 소금물을 부어 2개월 이상 숙성시킨다.	**두릅**		
조개젓 신선한 조갯살을 발라 한 달 정도 소금에 절인다.			**두릅장아찌** 소금에 절이고 고추장에 버무려 하루 이상 절인다.		**풋고추**
	멸치젓 소금에 절여 3개월 이상 숙성시킨다.				**풋고추장아찌** 식초물에 2주일 이상 삭힌 다음 간장물이나 고추장에 담가 한 달 이상 절인다.
		밴댕이젓 내장을 제거하고 소금에 절여 보름 정도 숙성시킨다.	**꽃게**		
			꽃게장 손질한 꽃게를 간장물에 담가 하루 이상 숙성시킨다.	**황석어젓** 비늘과 내장을 손질하고 소금에 절여 3개월 이상 숙성시킨다.	

7월	8월	9월	10월	11월	12월
	참게				**무**
	참게장 간장물을 여러 번 끓여 부으면서 한 달 이상 숙성시킨다.				무 장아찌 길게 반으로 잘라 소금에 절인 다음 간장물이나 된장, 고추장에 박아 6개월 이상 담근다.
양파					
양파장아찌 알이 작은 양파를 골라 간장물에 3일 이상 절인다.		**감**			무말랭이장아찌 물에 담가 불린 다음 물기를 없애고 간장물에 담가 3일 이상 절인다.
		감 장아찌 소금물에 절인 다음 된장이나 고추장에 박아 한 달 이상 절인다.	**고춧잎**		
가지			고춧잎장아찌 바싹 말린 고춧잎을 간장물에 담가 보름 이상 절인다.		
가지장아찌 소금을 뿌려 살짝 데친 다음 잘 말려서 간장물에 담가 보름 이상 절인다.	**참외**				
	참외장아찌 속을 파낸 참외에 소금을 뿌려 물기를 뺀 뒤 된장이나 고추장에 박아 한 달 이상 절인다.	갈치젓 비늘과 내장을 제거한 뒤 통째로 소금에 절여 2개월 이상 숙성시킨다.	**연근**		
			연근초절임 식촛물에 담가 떫은맛을 뺀 뒤 간장과 식초를 넣은 장물에 3일 이상 절인다.	**굴**	
오징어				어리굴젓 소금을 뿌려 하룻밤 정도 절인 다음 고춧가루 등으로 양념한다.	
오징어젓 내장을 제거하고 잘게 채 썰어 고춧가루 양념으로 버무린 뒤 2주일 이상 숙성시킨다.			**콩**		
		송이장아찌 밑동 자르고 끓인 간장물을 부어 일주일 정도 절인다.	두부장아찌 무거운 것으로 눌러 두부의 물기를 빼고 얇은 보자기에 싸서 된장이나 고추장에 박아 2개월 이상 절인다.	**홍합**	
				홍합장아찌 마른 홍합살을 부드럽게 불린 뒤 된장이나 고추장에 박아 절인다.	

알아두세요

- 장아찌는 날로 먹을 수 있는 채소라면 다 만들 수 있지만 수분이 적고 섬유소가 많은 것이 적당하다. 채소 외에 해조류나 굴비, 북어, 홍합, 두부, 도토리묵 등으로 장아찌를 담근다.

- 장아찌를 박았던 장은 채소에서 나온 수분 때문에 장이 묽어지고 상하기 쉬워 많은 양을 하지 않을 때는 따로 작은 그릇에 장을 덜어 장아찌를 담그는 것이 좋다. 만약 장이 묽어졌다면 장을 한 번 끓여서 소금으로 간을 더하면 먹을 수 있다.

- 젓갈을 담글 때 모든 재료는 반드시 소금물에 씻어야 한다. 맹물로 씻으면 젓갈의 맛과 색이 변하기 쉽다. 생선의 내장은 빼는 것이 좋고, 재료와 소금의 비율은 10:3 정도 되어야 한다. 담근 재료가 공기 중에 노출되지 않도록 돌로 눌러두어야 하며, 통풍이 잘되고 서늘한 곳에서 보관한다. 젓갈을 꺼낼 때는 반드시 물기 없는 도구를 이용해야 한다. 물기가 닿으면 색과 맛이 변질되기 쉽다.

고기 · 달걀

따끈따끈한 밥에 간이 잘 밴 고기반찬 하나면 밥 한 그릇 뚝딱 해치울 수 있어요. 특히 고기반찬은 우리 식탁에 없어서는 안 될 주된 단백질 공급원일 뿐만 아니라 어른, 아이 할 것 없이 누구나 좋아하는 음식입니다. 손질이 번거롭지 않고 저장성도 좋은 고기 밑반찬. 넉넉히 만들어두면 매일 상차림이 풍부해져요.

CHAPTER. 1

쇠고기장조림

홍두깨살을 간장에 은근히 끓인 장조림은 결대로 잘 찢어지고 짭조름한 간이 배어들어 밥과 참 잘 어울려요. 조림장을 만들 때 마른 고추를 넣으면 칼칼한 맛이 돌아 더 맛있어요.

재료 (7~8회분)

쇠고기 홍두깨살 600g
물 적당량

조림장

고기 삶아낸 물 4½컵
간장 2/3컵
설탕 3큰술
청주 2큰술
양파 1개
마른 고추 3~4개
대파 1뿌리
마늘 10쪽

1 **쇠고기 썰기** 쇠고기는 5cm 정도 크기로 토막 내서 찬물에 담가 핏물을 뺀다.

2 **쇠고기 삶기** 쇠고기를 냄비에 담고 고기가 잠길 정도로 물을 부어 20분 정도 삶는다. 떠오르는 거품은 걷어낸다.

3 **조림장에 조리기** 고기 삶은 물을 4컵 반 정도만 남기고 따라버린 다음 나머지 조림장 재료를 모두 넣고 끓인다. 처음에는 센 불에서 15분 정도 팔팔 끓이다가 불을 약하게 줄이고 국물이 1/3 정도 양만 남을 때까지 은근히 조린다. 고기가 익으면 양파와 대파, 고추, 마늘은 건진다.

4 **담아 내기** 한 번 먹을 분량을 결대로 찢어 접시에 담는다. 남은 것은 밀폐용기에 담아 10일 정도 냉장고에 두고 먹을 수 있다.

쿠킹팁! 달걀이나 메추리알을 삶아 넣어도 좋아요
쇠고기장조림에는 삶은 달걀이나 메추리알을 넣으면 더 먹음직스러워요. 달걀이나 메추리알은 간이 잘 배기 때문에 고기가 다 조려지고 난 뒤 마지막에 넣어 한 번만 우르르 끓이면 됩니다.

돼지고기장조림

돼지고기로 만든 장조림은 쇠고기장조림에 비해 결이 더 부드럽고 식어도 딱딱해지는 것이 덜한 편이에요. 취향에 따라 다르겠지만 맛도 쇠고기장조림 못지않아요.

재료 (10회분)

돼지고기 안심 600g
된장 1작은술
물 적당량

조림장

간장 2/3컵
물 4½컵
설탕 3큰술
청주 2큰술
양파 1개
풋고추 2개
붉은 고추 2개
마늘 5쪽

1. **돼지고기 데치기** 돼지고기는 기름기 없는 부위인 안심으로 준비해 5cm 정도 크기로 토막 낸다.

2. **된장 푼 물에 고기 삶기** 돼지고기를 냄비에 넣고 고기가 잠길 정도의 물을 부은 다음 된장을 풀어 20분 정도 삶는다.

3. **조림장 끓이기** 냄비에 간장과 물, 설탕, 청주를 넣고 큼직하게 썬 양파와 고추, 마늘을 넣어 한소끔 팔팔 끓인다.

4. **돼지고기 넣어 조리기** 끓는 조림장에 삶은 돼지고기를 넣고 센 불에서 15분 정도 끓이다가 불을 줄인다. 국물이 반 이상 졸아들면 불을 끄고 양파와 고추, 마늘은 건진다.

5. **담아 내기** 식으면 먹을 만큼 꺼내 결대로 찢어 접시에 담는다. 남은 것은 밀폐용기에 담아 2주 정도 냉장고에 두고 먹을 수 있다.

쿠킹팁! 된장과 청주로 돼지고기 누린내를 없애요.
장조림을 할 때는 한 번 삶아낸 뒤 간장에 조리는데, 돼지고기는 잘못하면 냄새가 나기 쉬워요. 삶을 때 된장을 조금 넣으면 돼지고기 특유의 누린내를 없애는 데 효과적이에요. 된장 대신 청주를 넣어도 좋아요.

등갈비강정

등갈비를 튀겨서 매콤하고 달콤한 소스에 버무린 별식 밑반찬입니다. 튀겨서 조렸기 때문에 냉장고에 두었다가 팬이나 전자레인지에 잠깐 데워 먹으면 좋아요.

재료 (3~4회분)

등갈비 1kg
소금 1작은술
청주 2큰술

소스

튀김가루 1컵
카레가루 1큰술
식용유 적당량

소스

간장 4큰술
고추장 4큰술
토마토케첩 4큰술
물엿 4큰술
설탕 4큰술
다진 양파 4큰술
다진 마늘 2큰술
다진 생강 2작은술
청양고추 3개
물 2컵

표고버섯 8개
부순 땅콩 조금

1 **등갈비·표고버섯 준비하기** 등갈비는 찬물에 30분 정도 담가 핏물을 뺀 뒤 칼집을 넣고 소금과 청주를 뿌려 10분쯤 둔다. 표고버섯은 기둥을 떼고 물에 씻어 물기를 닦는다.

2 **튀김옷 입히기** 튀김가루와 카레가루를 섞은 다음 등갈비를 넣어 버무린다.

3 **등갈비 튀기기** 튀김옷을 입힌 등갈비를 달군 기름에 바삭하게 튀긴 뒤 체에 받쳐 기름을 뺀다.

4 **소스 만들어 버무리기** 달군 팬에 기름을 두르고 다진 마늘, 다진 양파를 볶다가 나머지 양념 재료를 모두 넣어 끓인다. 끓는 양념에 튀긴 등갈비와 손질한 표고버섯을 넣고 골고루 뒤적이며 볶는다.

5 **담아 내기** 접시에 담고 부순 땅콩을 뿌린다. 남은 것은 3일 정도 냉장고에 두고 먹을 수 있다.

쿠킹팁! 약한 불에서 조려야 타지 않아요

등갈비를 소스에 버무릴 때 잘못하면 타기 쉬워요. 양념을 끓이다가 등갈비를 넣어 골고루 섞으면서 버무리세요. 불을 약하게 줄여 타지 않으면서 맛이 배게 하는 것이 요령입니다.

닭고추장조림

닭고기를 한입 크기로 잘라서 튀기듯 구워 매콤한 소스에 조렸어요. 고추장 대신 데리야키나 간장 소스에 물엿을 넣어 달착지근하게 만들면 아이들이 좋아하는 간식이 돼요.

재료 (4~5회분)

닭가슴살 6쪽(600g)
소금 1작은술
청주 2큰술
후춧가루 1작은술
식용유 4큰술

소스

고추장 3큰술
간장 1작은술
설탕 1큰술
물엿 2큰술
물 1/3컵

통깨 조금

1 **닭고기 밑간하기** 닭가슴살을 흐르는 물에 한 번 헹구어 먹기 좋은 크기로 썬 뒤 소금과 청주, 후춧가루로 밑간한다.

2 **기름에 굽기** 달군 팬에 식용유를 두르고 닭고기를 넣어 앞뒤로 뒤집어가며 바삭하게 튀기듯 굽는다.

3 **양념장 끓이기** 고기를 굽고 난 팬에 고추장과 간장, 설탕, 물엿, 물을 넣어 한소끔 바글바글 끓인다.

4 **닭고기 조리기** 구운 닭고기를 넣고 간이 고루 배어들도록 뒤섞은 다음 국물이 바특해지도록 조린다.

5 **담아 내기** 접시에 담고 통깨를 뿌려 고소한 맛을 더한다. 남은 것은 1주일 정도 냉장고에 두고 필요할 때마다 꺼내 데워 먹는다.

쿠킹팁! 튀겨서 조리면 더 맛있어요

좀 더 바삭한 맛을 즐기고 싶다면 튀김옷을 입혀 튀겨보세요. 닭고기에 튀김옷을 입혀 튀긴 다음 닭강정 소스에 버무리면 맛있고 건강한 닭강정이 됩니다.

닭봉조림

구운 닭봉을 짭짤하고 감칠맛 나게 조린 별미 밑반찬이에요. 아이들 반찬으로도 인기가 좋고, 향긋한 레몬 껍질을 곁들여 손님초대 요리로 내놓아도 손색없어요.

재료 (3~4회분)

닭봉(또는 닭날개) 30개
식용유 적당량

소스
우스터소스 1/2컵
간장 4큰술
흑설탕 3큰술
꿀 3큰술
다진 마늘 2큰술
다진 청양고추 1큰술

레몬 1개

1 **닭봉에 칼집 넣기** 닭봉은 날카로운 칼을 이용해 군데군데 칼집을 깊숙이 넣는다.

2 **소스 만들기** 소스 재료를 분량대로 배합해 잘 섞는다.

3 **초벌구이하기** 팬에 기름을 두르고 닭봉을 넣어 약한 불에서 앞뒤로 뒤집어가며 잘 익힌다.

4 **소스에 조리기** 초벌구이한 닭봉에 소스를 넣고 조린다. 먹음직스러운 색이 나고 간이 잘 배면 불에서 내린다.

5 **담아 내기** 적당히 조려지면 접시에 담고 위에 레몬 껍질을 채 썰어 얹는다. 남은 것은 3일 정도 냉장고에 두고 먹을 수 있다.

쿠킹팁! 센 불에서 굽다가 약한 불로 줄여요
닭봉을 초벌구이할 때는 불 조절을 잘해야 해요. 처음에는 센 불에서 굽다가 겉이 익으면 약한 불로 줄이도록 하세요. 그래야 육즙도 빠지지 않고 속까지 골고루 익는답니다.

장똑똑이

쇠고기를 가늘게 채 썰어 볶다가 간을 한 전통 밑반찬이에요. 원래는 계핏가루를 넣지만 계핏가루 대신 고추와 마늘을 넣어 누구나 좋아하는 반찬을 만들었어요.

재료 (6~8회분)

쇠고기 우둔살 600g
간장 2큰술
참기름 1큰술
후춧가루 1작은술

조림장

간장 4큰술
설탕 4큰술
참기름 3큰술
물 2/3컵

다진 청양고추 1개
마늘 5쪽

1. **쇠고기 썰어 밑간하기** 기름기 없고 연한 쇠고기 우둔살을 준비해 곱게 채 썬 뒤 간장, 참기름, 후춧가루로 밑간한다.

2. **조림장 끓이기** 냄비에 간장과 설탕, 참기름, 물을 넣고 한소끔 끓인다.

3. **쇠고기 넣어 볶기** 조림장에 밑간한 쇠고기를 넣고 고루 뒤적여가며 볶는다.

4. **고추·마늘 넣고 조리기** 고기가 익고 간이 충분히 배어들면 다진 고추와 채 썬 마늘을 넣고 국물이 바특해지도록 조린다.

5. **담아 내기** 한 번 먹을 분량을 접시에 담는다. 남은 것은 밀폐용기에 담아 6일 정도 냉장고에 두고 먹을 수 있다.

쿠킹팁! *고기를 볶아서 조리면 더 맛있어요*

쇠고기를 달군 팬에 먼저 볶은 뒤 조림장에 조리면 더 맛있는 장똑똑이를 만들 수 있어요. 조림장에 조릴 때는 처음 3분 정도는 센 불에서 조리다가 불을 약하게 줄여야 육즙이 빠지지 않고 양념이 고기에 충분히 배어들어요.

약고추장

따끈한 밥 위에 쇠고기 고추장볶음을 한 수저 올리고 달걀프라이를 곁들이면 밥 한 그릇 뚝딱이죠.
간단하고 맛도 좋은 약고추장으로 든든한 밑반찬 만들어보세요.

재료 (10~12회분)

다진 쇠고기 300g
식용유 3큰술
다진 파 3큰술
다진 마늘 3큰술
간장 2큰술
고추장 1컵
청주 2큰술
꿀 3큰술
후춧가루 조금
잣 1큰술
통깨 1큰술
참기름 1큰술
송송 썬 실파 조금

1 **쇠고기 핏물 제거하기** 다진 쇠고기는 키친타월로 눌러 핏물을 제거한다.

2 **다진 파·마늘 볶기** 팬에 기름을 두르고 다진 파와 다진 마늘을 볶아 향을 낸다.

3 **쇠고기 넣어 볶기** 쇠고기를 넣어 함께 볶다가 간장, 청주, 후춧가루로 간해 볶는다.

4 **고추장 넣어 볶기** 쇠고기가 다 익으면 고추장과 잣을 넣고 잘 섞이도록 볶는다. 마지막에 통깨와 참기름을 넣어 맛을 낸다.

5 **담아 내기** 접시에 담은 뒤 송송 썬 실파를 뿌린다. 남은 것은 밀폐 용기에 넣어 30일 정도 냉장고에 두고 먹을 수 있다.

쿠킹팁 ! 견과류를 넣으면 맛과 영양이 높아져요
다진 쇠고기에 고추장을 넣어 볶을 때, 마지막에 해바라기씨나 잣, 부순 호두 등을 넣어보세요. 맛과 영양이 높아지고 씹는 맛이 한결 좋아집니다.

반숙달걀장조림

달걀노른자를 말랑해질 정도로만 익혀 일본식 달걀 장조림을 만들어보세요. 밥반찬으로도 좋고, 우동이나 비빔밥 위에 올리면 보기도 좋고 맛도 좋은 고명이 돼요.

재료 (5회분)

달걀 10개
식초 1큰술
소금 2작은술

조림장

양파 1/2개
대파 2뿌리
마늘 4쪽
마른 표고버섯 2개
간장 1컵
설탕 3큰술
청주 3큰술
물 2컵

1 **달걀 삶기** 냄비에 달걀을 담고 물을 부은 뒤 식초, 소금을 넣고 9분 정도 반숙으로 삶는다. 삶은 달걀은 바로 찬물에 식혀 껍질을 벗긴다.

2 **채소 손질하기** 양파는 큼직하게 썰고 대파는 3등분한다. 마늘과 말린 표고버섯은 물에 한 번 씻는다.

3 **조림장 만들기** 냄비에 조림장 재료를 모두 넣고 약한 불에서 10분 정도 끓인 뒤 체에 걸러 충분히 식힌다.

4 **조림장에 달걀 담가두기** 삶은 달걀을 조림장에 3~4시간 정도 담가 두어 간이 배도록 한다.

5 **담아 내기** 한 번 먹을 분량을 접시에 담는다. 남은 것은 밀폐용기에 넣어 10일 정도 냉장 보관할 수 있다.

쿠킹팁! 시간을 정확하게 재도록 하세요
반숙달걀 장조림은 달걀을 적당히 말랑하게 익히는 게 포인트죠. 속이 얼마만큼 익었는지 알 수 없기 때문에 달걀 삶는 시간을 정확히 재면서 삶는 것이 중요합니다.

메추리알장조림

메추리알은 쇠고기와 함께 조려도 좋고 따로 장조림을 만들어도 좋아요. 메추리알장조림에 흔히 넣는 꽈리고추 대신 마늘종을 송송 썰어 넣으면 맵지 않아 아이들 반찬으로 안성맞춤이에요.

재료 (6~7회분)

깐 메추리알 400g
마늘종 5줄기

조림장
간장 4큰술
물 2컵
설탕 2큰술
청주 1큰술

1 **메추리알 씻기** 깐 메추리알은 체에 밭쳐 흐르는 물에 씻어 물기를 뺀다.

2 **조림장 끓이기** 냄비에 간장과 물, 설탕, 청주를 넣고 한소끔 끓인다.

3 **메추리알 넣어 조리기** 조림장에 메추리알을 넣고 간장색이 돌도록 센 불에서 15분 정도 조리다가 불을 약하게 줄인다.

4 **마늘종 넣기** 국물이 반 이상 졸아들면 2~3cm 길이로 자른 마늘종을 넣고 간이 배어들도록 은근히 조린다.

5 **담아 내기** 한 번 먹을 분량을 접시에 담는다. 남은 것은 밀폐용기에 넣어 10일 정도 냉장 보관할 수 있다.

쿠킹팁! 깐 메추리알을 사용하면 편리해요
메추리알은 쇠고기와 함께 조려도 좋고 메추리알만 따로 장조림을 만들어도 좋아요. 마늘종 대신 꽈리고추나 마늘을 넣어도 맛이 잘 어울려요.

해산물 · 해조류

해산물은 특유의 감칠맛을 가지고 있어 입맛 돋우는 데 그만이죠. 갓 잡아 올린 생물로 영양 가득한 반찬을, 마른 해산물로 감칠맛과 저장성이 좋은 반찬을 만들어보세요. 바다에서 온 선물로 든든한 밥상이 차려질 거예요.

CHAPTER. 2

북어포양념구이

고추장·고춧가루로 양념장을 만들어 부드럽게 불린 북어포에 발라 구운 밑반찬이에요. 양념구이를 할 때는 기름을 넉넉히 두르고 타지 않게 하는 것이 중요합니다.

재료 (3~4회분)

통북어 2마리
식용유 2큰술
통깨 조금

기름장
식용유 3큰술
간장 1큰술

양념장
간장 1큰술
고춧가루 1½큰술
고추장 1큰술
청주 1큰술
물 3큰술
설탕 1/2큰술
다진 파 1큰술
다진 마늘 1/2큰술
다진 생강 1/2작은술
참기름 1/2큰술
깨소금 1작은술
소금·후춧가루 조금씩

1 **북어포 물에 불리기** 북어포는 머리와 꼬리, 지느러미를 정리한 뒤 물에 부드럽게 불려서 물기를 짠다.

2 **기름장 발라 굽기** 기름과 간장을 섞은 기름장을 북어포에 바른 뒤 달군 팬에 식용유를 두르고 앞뒤로 뒤집어가며 애벌구이한다. 식으면 가위로 3~4등분한다.

3 **양념장 만들기** 준비한 양념장 재료를 고루 섞어 양념장을 만든다.

4 **양념장 발라 굽기** 애벌구이한 북어에 양념장을 바른 뒤 달군 팬에 식용유를 두르고 굽는다.

5 **담아 내기** 접시에 담고 통깨를 뿌린다. 남은 것은 냉장고에 일주일 정도 두고 먹어도 된다.

쿠킹팁! 애벌로 먼저 구운 뒤 양념을 발라 살짝만 구워요

양념구이는 재료가 익기도 전에 양념부터 타기 쉬워요. 특히 고추장과 설탕이 들어가는 양념장은 더 빨리 탑니다. 양념을 하기 전에 재료를 애벌로 굽고 양념을 발라 다시 살짝만 구우세요. 이렇게 하면 타는 것을 방지할 수 있어요.

북어찜

북어 중에서도 노르스름하게 잘 마른 북어를 황태라고 해요. 잘 마른 황태를 큼직하게 잘라 양념장에 재어 찐 북어찜은 손이 많이 가는 만큼 정성이 가득 담긴 반찬이에요.

재료 (4~5회분)

북어포 3마리

양념장

간장 3큰술
소금 1작은술
고춧가루 1큰술
참기름 1큰술
설탕 1큰술
다진 마늘 1작은술
다진 붉은 고추 2개 분량
다진 실파 3큰술
멸칫국물 2컵
물엿 1큰술

1 **북어포 자르기** 북어포는 지느러미와 머리, 꼬리를 잘라내고 2~3cm 간격으로 자른다.

2 **물에 담가 불리기** 손질해 자른 북어포를 10분 정도 물에 담갔다가 건져 물기를 가볍게 짠다.

3 **양념장 만들기** 간장에 소금, 참기름, 설탕, 다진 마늘, 다진 붉은 고추, 다진 실파, 멸칫국물을 넣고 고루 섞어 양념장을 만든다.

4 **양념장 부어 찌기** 북어포 위에 양념장을 켜켜이 붓고 처음에는 센 불에서 5분 정도 조리다가 불을 약하게 줄여 국물이 바특해지도록 조린다. 불에서 내리기 전에 물엿을 뿌려 윤기를 더한다.

5 **담아 내기** 접시에 담아 상에 내고, 남은 것은 냉장고에 5일 정도 두고 먹어도 된다.

쿠킹팁! 노르스름한 황태가 제일 좋아요

명태는 보존 상태에 따라 다양한 이름으로 불려요. 갓 잡은 싱싱한 명태를 생태, 얼린 것을 동태, 말린 것을 북어라고 하죠. 북어 중에서도 노르스름한 색을 띠는 것을 황태라고 해서 최고로 친답니다. 북어는 알코올을 분해하는 메티오닌 성분이 많아 숙취 해소에 좋아요.

북어포고추장무침

잘게 찢은 북어포를 고추장 양념장에 버무리면 간이 잘 배어 쫄깃하고 맛있어요. 반찬 없을 때 물 만 밥에 북어포 고추장무침 하나만 있어도 한 끼 뚝딱 해치울 수 있어요.

재료 (6~7회분)

북어포 3마리

고추장 양념
고추장 2/3컵
물 1/3컵
물엿 3큰술
참기름·통깨 조금씩

1 **북어포 손질하기** 북어포는 머리와 꼬리, 지느러미를 잘라낸다. 살에 박힌 잔뼈도 잘 추려낸다.

2 **북어포 찢기** 손질한 북어포는 껍질을 벗겨서 살만 손가락 굵기로 찢는다.

3 **고추장 양념장 만들기** 고추장에 물을 조금 섞고 물엿을 넣어 고루 섞는다. 물엿 대신 꿀이나 올리고당을 넣어도 좋다.

4 **북어포 넣어 버무리기** 양념장에 북어포를 넣고 꼭꼭 주물러가며 버무린다.

5 **담아 내기** 식탁에 올리기 직전 참기름과 통깨를 넣고 버무려 맛을 낸다. 남은 것은 냉장고에 10일 정도 두고 먹어도 된다.

쿠킹팁! 껍질과 머리는 따로 모아두세요
통북어의 껍질과 머리는 버리지 말고 따로 모아두면 요긴하게 쓸 수 있어요. 국물을 낼 때 멸치, 무, 대파와 함께 끓이면 좋고 껍질을 잘게 잘라 끓는 기름에 살짝 튀기면 별미입니다.

코다리조림

명태를 반 정도 말려 놓은 코다리는 살이 탄력 있어 밑반찬으로 만들어두면 좋아요. 고춧가루를 넣고 칼칼하게 조려도 좋지만 설탕과 청주로 감칠맛을 내면 아이들이 잘 먹어요.

재료 (6~7회분)

코다리 8마리
식용유 3큰술
양파 2개

조림 양념

간장 1/2컵
다진 마늘 1큰술
설탕 2큰술
청주 2큰술
후춧가루 1작은술
물 1컵
물엿 1큰술

1 **재료 준비하기** 코다리는 지느러미를 잘라내고 물에 깨끗이 씻은 뒤 3~4cm 길이로 자른다. 양파는 반 갈라 굵직하게 채 썬다.

2 **양파 볶다가 코다리 넣기** 달군 팬에 기름을 두르고 채 썬 양파를 볶다가 코다리를 넣어 함께 볶는다. 뚜껑을 덮어 5분 정도 익힌다.

3 **양념 넣어 조리기** 코다리 살이 단단해지고 속이 어느 정도 익으면 양념을 넣고 가장자리로 물을 흘려 부은 뒤 중불에서 속까지 간이 배어들도록 조린다.

4 **물엿 넣어 윤기 내기** 중간중간 뒤집어가며 간이 충분히 배어들도록 조리다가 국물이 자작해지면 물엿을 넣어 윤기를 더한다.

5 **담아 내기** 조림이 다 되면 접시에 담고 남은 것은 식혀서 냉장고에 보관한다. 냉장고에 4~5일 두고 먹을 수 있다.

쿠킹팁! 코다리찜도 맛있어요
아귀찜처럼 미더덕과 콩나물, 미나리 등을 넣고 고춧가루, 다진 마늘, 간장으로 양념해서 찜을 해도 좋아요. 얼큰한 해물찜을 할 때 콩나물은 데쳐서 넣어야 물이 생기지 않아요. 해물찜에 녹말물을 풀어 넣으면 양념이 겉돌지 않아 더 맛있어요.

꽁치조림

꽁치는 값이 싸면서 영양은 풍부한 경제적인 생선이에요. 넉넉히 사다가 손질해 통조림처럼 조림을 하면 오래 두고 먹을 수 있어요. 매운 고추를 조금 섞어 칼칼한 맛을 내도 좋아요.

재료 (10~12회분)

꽁치 15마리
소금 2큰술

양파 2개
풋고추·붉은 고추 4개씩
생강 1/2톨

조림장
간장 1컵
물 5컵
설탕 1/3컵
청주 4큰술
후춧가루 1작은술

1 **꽁치 토막 내기** 꽁치는 싱싱한 것으로 준비해 머리와 꼬리를 자르고 3등분한다. 토막 낸 꽁치는 흐르는 물에 씻어 물기를 뺀다.

2 **꽁치 소금에 절이기** 손질한 꽁치에 소금을 뿌려 1시간 정도 잰 뒤 물기를 충분히 뺀다.

3 **양파와 고추 준비하기** 양파와 고추는 큼직하게 썬다. 생강은 얄팍하게 저민다.

4 **꽁치 조리기** 조림장 재료에 양파, 고추, 생강을 넣고 한소끔 끓이다가 꽁치를 넣고 조린다. 처음에는 센 불에서 20분 정도 조리다가 불을 약하게 줄인 뒤 국물이 자작해지도록 은근히 조린다.

5 **담아 내기** 바로 만든 것은 접시에 담아 상에 내고, 나머지는 식혀서 용기에 담아 냉장고에 둔다. 냉장고에 두면 2주일 이상 먹을 수 있다.

쿠킹팁 꽁치는 뼈째 먹을 수 있어요
꽁치조림을 할 때는 머리와 꼬리만 정리한 뒤 통째 토막 내 조리하는 것이 깔끔해요. 꽁치를 오래도록 뭉근히 조리면 뼈까지 부드러워져 그냥 씹어 먹어도 되죠. 꽁치조림을 냉장고에 넣어두고 먹을 만큼 덜어 전자레인지에 약하게 데워 먹어도 좋고 신김치나 우거지를 깔고 지져 먹어도 맛있어요.

양미리조림

조기 엮듯이 엮어 바닷바람에 꾸덕꾸덕하게 말린 양미리는 멸치나 오징어처럼 밑반찬으로 준비하기에 좋은 건어물이에요. 단백질과 칼슘이 풍부해 식탁에 자주 올리면 좋아요.

재료 (10~12회분)

마른 양미리 20마리
소금 1큰술

조림장

간장 1/3컵
물 3컵
설탕 3큰술
청주 2큰술
붉은 고추 3개
물엿 1큰술

1 **양미리 손질하기** 마른 양미리를 구입해 지느러미와 꼬리를 정리하고 2~3cm 길이로 자른다.

2 **소금물에 헹구기** 연하게 푼 소금물에 담가 10분 정도 있다가 건져 물기를 뺀다.

3 **조림장 끓이기** 간장과 물, 설탕, 청주, 큼직하게 썬 고추를 넣고 한소끔 팔팔 끓인다.

4 **양미리 넣어 조리기** 끓는 조림장에 양미리를 넣고 10분 정도 조리다가 불을 약하게 줄인다. 국물이 바특해지면 물엿을 넣어 섞어준다.

5 **담아 내기** 식혀서 용기에 담아 냉장고에 두고 필요한 만큼 덜어 먹는다. 냉장고에 두면 10일 정도 먹을 수 있다.

쿠킹팁! 튀겨서 술안주로 준비해도 좋아요

바싹 말린 양미리는 튀겨 먹어도 맛있어요. 양미리를 방망이로 자근자근 두들겨서 살을 부드럽게 한 다음 적당한 크기로 잘라 기름에 바삭하게 튀기면 술안주로 좋고 뼈째 먹을 수 있어 아이들 간식으로도 좋답니다.

오징어간장조림

오징어조림은 보통 마른오징어를 이용하지만 너무 딱딱해 먹기가 쉽지 않아요. 반건조 오징어로 만들면 부드러워서 먹기도 좋고 밑반찬이나 도시락 반찬으로 활용하기에 적당해요.

재료 (5~6회분)

반건조 오징어 4마리
마늘종 3줄기
참기름·통깨 조금씩
식용유 적당량

조림장

간장 3큰술
청주 2큰술
물 4큰술
물엿 1큰술
설탕 1큰술
저민 마늘 3쪽분
저민 생강 1톨분

1 **오징어 손질하기** 꾸덕꾸덕 마른 반건조 오징어를 준비해 5cm 길이에 손가락 굵기로 썬다.

2 **마늘종 썰기** 마늘종은 물에 한 번 씻은 뒤 5cm 길이로 썬다.

3 **오징어 볶다가 조림장 넣기** 냄비에 기름을 두르고 오징어를 볶다가 조림장 재료를 한데 넣고 간이 배도록 조린다.

4 **마늘종 넣어 볶기** 마늘종을 넣어 함께 볶는다. 마늘종이 아삭하게 익으면 불을 끄고 참기름과 통깨를 넣어 섞는다.

5 **담아 두기** 식혀서 밀폐용기에 담아 냉장고에 두면 10일 정도 먹을 수 있다.

쿠킹팁! 고추나 마늘종을 넣어 깔끔한 맛을 내요

반건조 오징어만 넣어 조려도 되지만 마늘종을 넣으면 마늘종의 알싸한 맛이 조화를 이루어 한결 깔끔해요. 마늘종 대신 꽈리고추를 넣어도 좋고, 작은 쪽마늘을 넣어도 잘 어울려요.

오징어채간장볶음과
오징어채고추장볶음

오징어채를 두 가지 양념으로 볶아 맛을 냈어요. 반찬으로 만들 때는 물에 한 번 헹궈 불순물을 씻어내고 조리하는 것이 깔끔해요. 오징어채는 먹기 좋게 잘라서 조리해야 합니다.

오징어채간장볶음

재료 (10~12회분)

오징어채 300g

양념장
식용유 2큰술
간장 2큰술
설탕 1큰술
청주 1/2큰술

1. **오징어채 손질하기** 오징어채는 물에 담가 한 번 헹군 뒤 물기를 짜서 먹기 좋은 크기로 자른다.

2. **양념 끓이기** 팬에 식용유와 간장, 설탕, 청주를 넣어 살짝 끓인다.

3. **오징어채 넣어 볶기** 오징어채를 넣어 간이 고루 배어들도록 고루 섞어가며 볶는다.

4. **담아 두기** 식혀서 밀폐용기에 담아 냉장고에 두면 2주일 정도 먹을 수 있다.

오징어채고추장볶음

재료 (10~12회분)

오징어채 300g

양념장
식용유 2큰술
고추장 2큰술
참기름 1큰술
설탕 1큰술
물엿 1큰술
청주 1큰술
다진 실파 조금

1. **오징어채 손질하기** 오징어채는 물에 담가 한 번 헹군 뒤 물기를 짜서 먹기 좋은 크기로 자른다.

2. **양념하기** 고추장과 참기름, 설탕, 물엿, 청주, 다진 실파를 고루 섞은 뒤 오징어채를 넣고 버무려 간이 배어들게 한다.

3. **팬에 볶기** 달군 팬에 식용유를 두르고 양념한 오징어채를 넣어 타지 않게 볶는다.

4. **담아 두기** 식혀서 밀폐용기에 담아 냉장고에 두면 2주일 정도 먹을 수 있다.

쿠킹팁! 오래 먹으려면 볶아두세요

오징어채는 고추장 양념장으로 무쳐서 그대로 먹는 경우가 많지만 오래 두고 먹으려면 팬에 기름을 두르고 한 번 볶는 게 좋아요. 이렇게 하면 보존성이 좋아져서 냉장고에 열흘 정도 두고 먹을 수 있어요.

무오징어무침

쫄깃쫄깃한 오징어무침과 아삭아삭 새콤한 무김치는 충무김밥과 환상의 궁합을 이루죠. 무오징어무침을 넉넉히 만들어두면 반찬 없을 때 김만 말아 한 끼를 해결할 수 있어요.

무오징어무침은 무가 적당히 새콤해야 맛있어요. 무김치처럼 익혀도 되지만 식초를 넣으면 바로 먹을 수 있어요. 오징어는 볶아도 되고, 무무침과 함께 무쳐서 익혀 먹어도 좋아요.

재료 (3~4회분)

반건조 오징어 2마리
무 5cm크기 1토막

무 양념

굵은소금 조금,
고춧가루 1½큰술
다진 마늘 2작은술
식초·설탕 2큰술씩

오징어 양념

고춧가루 1큰술
간장 1½큰술
다진 마늘 2작은술
참기름 1큰술
청주 1/2큰술
식용유 1큰술

1 **오징어 손질하기** 반건조 오징어를 깨끗이 손질해 4cm 길이에 1cm 폭으로 자른다.

2 **무 썰어 절이기** 무는 오징어와 같이 4cm 길이에 1cm 폭으로 납작하게 썬 뒤 굵은 소금을 뿌려 30분 정도 절였다가 물기를 꼭 짠다.

3 **무 양념하기** 절인 무를 양념에 넣어 새콤달콤하게 무친다.

4 **오징어 양념해 볶기** 오징어는 오징어 양념에 버무려 기름 두른 팬에 살짝 볶는다. 양념이 잘 배면 바로 불에서 내리고 식힌 뒤 무무침과 잘 섞는다.

5 **담아 내기** 밀폐용기에 담아 냉장고에 보관하면 1주일 정도 먹을 수 있다.

잔멸치볶음

멸치볶음은 칼슘 섭취에 아주 좋은 반찬이에요. 오래 보관할 수 있고 만들기도 쉬워서 넉넉히 만들어두면 밥상 차리기가 한결 쉬워요. 잔멸치볶음은 타지 않게 볶는 것이 요령이에요.

멸치는 크기에 따라 조리법이 달라요. 멸치만 볶을 때는 잔멸치가 좋고, 매콤하게 고추장볶음을 하거나 꽈리고추와 함께 조릴 때는 5cm 정도 되는 중간멸치가 적당하죠. 크고 굵은 것은 국물을 낼 때 쓰면 깊은 맛이 납니다.

재료 (10~12회분)

볶음용 잔멸치 300g

식용유 3큰술
설탕 1큰술
청주 2큰술
물엿 1큰술
통깨 1/2큰술

1 **잔멸치 손질하기** 잔멸치는 체에 담아 살살 흔들어서 부스러기를 없앤다

2 **마른 팬에 볶기** 달군 팬에 기름을 두르지 않은 채 멸치를 넣고 훌훌 저어가며 볶는다.

3 **기름에 볶기** 팬에 한 번 볶은 멸치에 식용유를 두르고 볶다가 설탕과 청주을 넣어 고루 섞는다.

4 **물엿으로 윤기 내기** 설탕이 녹으면 물엿을 넣고 고루 뒤적인 다음 통깨를 넣고 불을 끈다.

5 **담아 두기** 식혀서 밀폐용기에 담아 냉장고에 두면 2주일 정도 먹을 수 있다.

중멸치고추장볶음

중간 크기의 멸치를 고추장 양념에 볶으면 칼칼해서 입맛이 돌아요. 고추장에 식용유와 물엿, 청주 등을 넣어 한 번 끓인 양념으로 멸치를 볶으면 맛이 더 깊게 배어들어요.

재료 (10~12회분)

중멸치 300g

식용유 2큰술
고추장 3큰술
설탕 1큰술
물엿 1큰술
청주 2큰술
물 1/3컵
통깨 1/2큰술

1 **마른 팬에 멸치 볶기** 팬에 기름을 두르지 않고 달군 뒤 멸치를 넣어 달달 볶는다.

2 **고추장 끓이기** 식용유와 고추장, 설탕, 물엿, 청주을 넣고 거품이 일 정도로 끓으면 물을 붓고 자글자글 끓인다.

3 **멸치 넣어 볶기** 멸치를 넣어 양념이 고루 배어들도록 뒤섞어가며 볶는다. 불에서 내리기 직전 통깨를 넣고 섞는다.

4 **담아 두기** 식혀서 밀폐용기에 담아 냉장고에 두면 2주일 정도 먹을 수 있다.

쿠킹팁! 멸치고추장 볶음은 윤기 나게 볶아요

멸치고추장볶음은 윤기가 돌아야 먹음직스러워요. 식용유와 물엿을 넉넉히 넣고 양념을 끓이다가 멸치를 넣어 잘 섞으면 맛있게 윤기 나는 멸치고추장볶음이 완성되죠. 볶을 때는 중불에서 양념이 타지 않게 재빨리 볶는 것이 중요해요.

마른 새우볶음

간간하면서 달큼한 맛이 나는 마른 새우는 멸치만큼이나 칼슘이 풍부한 식품이에요. 비교적 오래 두고 먹을 수 있어서 밑반찬으로 만들어놓으면 밥상 차리기 걱정 없어요.

재료 (10~12회분)

마른 새우 300g

식용유 3큰술
청주 2큰술
물엿 2큰술

1 **마른 새우 헹구기** 마른 새우는 체에 담아 살살 흔들어서 잡티를 제거한다. 흐르는 물에 살짝 씻어 물기를 빼도 된다.

2 **기름에 볶기** 달군 팬에 식용유를 두르고 새우를 넣어 달달 볶다가 청주를 넣어 고루 섞는다. 새우는 그냥 먹어도 될 정도로 간이 배어 있어 다른 간을 하지 않는다.

3 **물엿 넣기** 물엿을 넣어 고루 섞어준 뒤 불에서 내린다.

4 **담아 두기** 식혀서 밀폐용기에 담아 냉장고에 두면 2주일 정도 먹을 수 있다.

쿠킹팁! 따로 간하지 않아도 돼요
마른 새우나 멸치 등 건어물로 반찬을 만들 때 간은 비교적 약하게 하거나 따로 하지 않아도 돼요. 식품 자체에 짠맛이 있기 때문이죠. 건어물은 저장성이 좋지만 오래되면 기름이 산패되어 좋지 않으니 1주일에서 2주일 이내에 다 먹을 수 있게 만드는 것이 좋아요.

뱅어포고추장구이와 뱅어포볶음

뱅어포에 고추장 양념을 발라 구우면 밥반찬으로 아주 좋고, 간하지 않은 채 볶아 먹어도 맛있어요.
너무 오래 보관하면 눅눅해져서 맛이 없으니 일주일 이상 두지 않도록 하세요.

재료 (3~4회분)

뱅어포 10장
식용유 4큰술
통깨 조금

양념장

고추장 4큰술
물엿·물 5큰술씩
간장 1큰술
청주 1큰술
참기름 2큰술
설탕 1큰술

뱅어포고추장구이

1. **뱅어포 손질하기** 뱅어포는 손으로 비벼서 잡티를 제거한다.

2. **양념 만들어 바르기** 양념장 재료를 고루 섞어 뱅어포에 바른다.

3. **팬에 굽기** 달군 팬에 기름을 두르고 양념한 뱅어포를 넣어 앞뒤로 굽는다.

4. **담아 내기** 먹기 좋은 크기로 잘라 접시에 담고, 나머지는 밀폐용기에 담아 냉장고에 4일 정도 두고 먹는다.

재료 (3~4회분)

뱅어포 10장
식용유 4큰술
설탕 조금

뱅어포볶음

1. **뱅어포 손질하기** 뱅어포는 손으로 비벼서 잡티를 제거한 뒤 먹기 좋은 크기로 네모지게 자른다.

2. **볶기** 달군 팬에 식용유를 두르고 뱅어포를 넣어 젓가락으로 뒤적이며 타지 않게 볶는다.

3. **물엿이나 설탕 뿌리기** 설탕을 조금만 뿌려서 잘 섞이게 한 뒤 불에서 내린다.

4. **담아 내기** 한 끼분만 접시에 담아 내고, 나머지는 밀폐용기에 담아 냉장고에 4일 정도 두고 먹는다.

쿠킹팁! 양념해두었다가 그때그때 구워 드세요

뱅어포는 결이 촘촘한 것을 골라야 양념이 골고루 묻어서 맛있어요. 양념을 발라 차곡차곡 재두었다가 기름 두른 팬에 굽는데, 이때 한꺼번에 다 굽지 말고 필요한 만큼만 굽도록 하세요. 양념장만 발라 냉장고에 두었다가 그때그때 구워 먹으면 눅눅하지 않고 더 맛있어요.

간장게장

신선한 꽃게에 간장물을 달여 부은 간장게장은 밥 한 그릇 뚝딱 해치우게 하는 밥도둑이랍니다.
마른 고추와 생강은 비린 맛을 없애주니 장물 달일 때 잊지 말고 넣으세요.

재료 (8회분)

꽃게(암게) 8마리

간장물

간장 7컵
물 20컵
설탕 4큰술
마늘 15쪽
마른 고추 4개
생강 2톨

1 **꽃게 손질하기** 꽃게는 살아 있는 암게로 준비해 솔로 씻은 뒤 물기를 빼고 다리 끝을 자른다.

2 **장물 끓이기** 마른 고추, 저민 생강을 준비해 간장과 물, 설탕, 마늘과 함께 한소끔 끓여 식힌다.

3 **꽃게에 장물 붓기** 밀폐용기에 손질한 꽃게를 배가 위로 오게 담고 끓여서 식힌 장물을 붓는다.

4 **간장물 끓여 붓기** 실온에서 이틀 정도 삭힌 뒤 장물만 다시 한번 끓여서 식힌 다음 게에 도로 붓는다.

5 **담아 내기** 2일 정도 숙성되면 꺼내서 상에 올리고 남은 것은 냉장고에 보관한다. 3~4일에 한 번씩 간장물을 끓여서 식혀 부으면 2~3주 동안 두고 먹을 수 있다.

쿠킹팁! 간장물을 끓여서 식혀 다시 부으세요

게장을 오래 두고 먹으려면 중간중간 간장물을 끓여서 식혀 부으세요. 간장물을 끓일 때 체에 밭쳐서 장물만 따라내고, 장물을 끓여서 다시 부을 때는 완전히 식힌 다음 부어야 제맛을 유지할 수 있어요.

꽃게무침

싱싱한 꽃게를 토막 내서 고춧가루와 물엿, 청주를 넣고 만든 매콤한 양념장에 무쳤어요. 하루 정도 간이 배게 두었다가 상에 내면 특별한 반찬으로 환영받는답니다.

재료 (8회분)

신선한 꽃게 8마리
마늘 18쪽
풋고추 2개
붉은 고추 2개
실파 5뿌리

양념장

고춧가루 2컵
물엿 1/2컵
간장 1컵
소금 조금
다진 마늘 2큰술
다진 생강 2작은술
청주 6큰술
통깨 조금

1 **꽃게 손질하기** 꽃게는 솔로 씻어 물기를 뺀 다음 등딱지를 떼어내고 집게다리는 몸통에서 떼어 마디를 잘라놓는다. 몸통은 4등분한다.

2 **양념장 만들기** 준비한 재료를 모두 더해 양념장을 만든다.

3 **실파·마늘·고추 준비하기** 실파는 3cm 길이로 자르고, 마늘은 저며 썬다. 마른 고추는 어슷 썰어 씨를 턴 뒤 양념장에 섞는다.

4 **양념에 버무리기** 꽃게에 준비한 양념을 넣고 고루 버무린다.

5 **담아 내기** 하루 정도 간이 배게 두었다가 상에 낸다. 남은 것은 밀폐용기에 담아 냉장고에 두면 일주일 정도 두고 먹을 수 있다.

쿠킹팁 ! 냉동실에 두었다가 필요한 만큼 해동하세요
게장이나 꽃게무침은 비교적 오래 두고 먹을 수 있지만, 너무 오래되면 게딱지가 흐물흐물해지고 상할 수 있어요. 바로 먹지 않을 거라면 냉동실에 보관하는 것이 좋아요. 한두 번 먹을 분량만큼 냉동실에 두었다가 소분해 실온에서 해동한 다음 먹도록 하세요.

간장새우장

야들야들하면서 간간 짭짤한 새우장은 감칠맛이 아주 좋아요. 간장게장에 비해 손질하기가 번거롭지 않아 쉽게 담글 수 있을 뿐 아니라 먹기도 편해서 식탁에 올리면 환영받아요.

재료 (5회분)

대하 20마리

간장물
국간장 3컵
양조간장 3컵
청주 1컵
매실청 3큰술
설탕 3큰술
물 8컵
마른 고추 3개

1 **새우 손질하기** 새우는 긴 수염만 잘라내고 그대로 깨끗하게 씻어 물기를 제거한다.

2 **간장물 끓이기** 간장물 재료를 모두 넣고 잘 저어서 한소끔 끓인 뒤 차게 식힌다.

3 **간장물 붓기** 밀폐용기에 새우를 담고 식힌 간장 양념을 붓는다. 하루가 지나면 간장만 따라 다시 한번 끓여 차게 식힌 뒤 새우에 다시 붓는다.

4 **담아 내기** 2일 정도 숙성되면 꺼내서 상에 올리고 남은것은 냉장고에 보관한다. 3~4일에 한 번씩 간장물을 끓여서 식혀 부으면 2~3주 동안 두고 먹을 수 있다.

쿠킹팁! 오래 보관하려면 새우를 건져서 따로 두세요

새우장을 오래 두고 먹는다고 간장물을 여러 번 끓여서 식혀 붓기도 하는데, 간장물에 너무 오래 담가두면 간이 짜져요. 적당히 간이 배고 맛이 들면 새우는 따로 건져서 냉동해두고 한 번에 먹을 만큼씩 꺼내서 해동하는 것이 좋아요.

마른 홍합살조림과 마른 조갯살조림

마른 홍합살과 마른 조갯살을 조림장에 바특하게 조리면 밥반찬으로 그만이죠. 말린 건어물은 단단하기 때문에 반나절 정도 물에 담가 부드럽게 불려 조리면 씹는 맛이 좋은 반찬이 됩니다.

재료 (7~8회분)

마른 홍합살 100g

조림장
간장 2큰술
설탕 1큰술
마늘 2쪽
청주 1큰술
물 1컵

물엿 1작은술

마른 홍합살조림

1 **마른 홍합살 불리기** 마른 홍합살은 물에 담가 충분히 부드러워질 때까지 불려서 체에 밭쳐 물기를 뺀다. 불리면 양이 2배 이상 불어난다.

2 **조림장 끓이기** 냄비에 간장과 설탕, 저민 마늘, 청주, 물을 넣어 팔팔 끓인다.

3 **홍합살 넣어 조리기** 조림장에 불린 홍합살을 넣어 처음에는 센 불에서 5분 정도 조리다가 불을 약하게 줄인 뒤 은근히 조린다. 불에서 내리기 전에 물엿을 넣어 섞는다.

4 **담아 두기** 식혀서 밀폐용기에 담아 냉장고에 두면 2주일 정도 먹을 수 있다.

재료 (7~8회분)

마른 조갯살 100g

조림장
간장 2큰술
설탕 1큰술
마늘 2쪽
청양고추 1개
청주 1큰술
물 1컵

물엿 1작은술
통깨 조금

마른 조갯살조림

1 **마른 조갯살 불리기** 마른 조갯살은 물에 담가 부드러워질 때까지 불려서 체에 밭쳐 물기를 뺀다.

2 **조림장 끓이기** 냄비에 간장, 설탕, 마늘, 청양고추, 청주, 물을 넣어 한소끔 팔팔 끓인다.

3 **조갯살 넣어 조리기** 조림장에 불린 조갯살을 넣어 처음에는 센 불에서 5분 정도 조리다가 불을 약하게 줄인 뒤 은근히 조린다. 불에서 내리기 전에 물엿과 통깨를 넣고 고루 버무려 맛을 낸다.

4 **담아 두기** 식혀서 밀폐용기에 담아 냉장고에 두면 2주일 정도 먹을 수 있다.

쿠킹팁! 홍합초처럼 쇠고기를 다져 넣어도 좋아요

마른 홍합살 대신 생 홍합살을 다진 쇠고기와 함께 조림장에 조려서 홍합초를 만들어도 좋아요. 홍합초는 정성이 느껴지는 궁중음식이에요. 마른 홍합살조림을 할 때도 다진 쇠고기를 조림장에 함께 넣어 조리면 더욱 깊은 맛을 느낄 수 있어요.

오징어젓무침

오징어를 채 썰어 절여서 무채와 함께 무친 건강 오징어젓무침이에요. 소금을 조금만 뿌려서 절였기 때문에 너무 짜지 않아 맛있게 먹을 수 있는 밑반찬입니다.

> 소금에 절인 오징어젓은 냉장고에 넣어두고 먹을 양만 덜어 참기름과 물엿, 통깨, 다진 실파 등을 넣고 무쳐 먹으면 맛있어요. 오래 두고 먹으려면 액젓의 양을 좀 더 늘리면 됩니다.

재료 (12~13회분)

오징어 절임
오징어 6마리
소금 2/3컵

무 절임
무 300g
소금 1큰술

오징어젓 양념
고춧가루 1/2컵
다진 마늘 4큰술
액젓 3큰술
설탕 2큰술

1 **오징어 썰기** 오징어는 껍질을 벗기고 나무젓가락 굵기로 채 썬다.

2 **오징어 절이기** 채 썬 오징어에 소금을 뿌려 고루 섞은 뒤 하루 정도 서늘한 곳에 둔다.

3 **무 썰어 절이기** 무를 곱게 채 썰어 소금을 뿌려 1시간 정도 절인 뒤 물기를 짠다.

4 **양념하기** 절인 오징어의 물기를 빼고 절인 무채와 합친 뒤 양념에 버무린다.

5 **담아 내기** 2~3일 정도 두었다가 맛이 들면 상에 낸다. 나머지는 냉장고에 두면 2주일 정도 먹을 수 있다

굴젓무침

굴은 싱싱할 때 먹으면 가장 좋지만 얼마간 두고 먹으려면 굴젓을 만들면 좋아요. 굴에 소금을 뿌려서 절인 뒤 양념한 굴젓무침은 겨울에 제맛을 즐길 수 있는 밑반찬입니다

생굴을 초회로 먹거나 무침을 할 때는 굴의 신선도가 중요해요. 선도가 조금 떨어지는 것은 무침보다는 찌개나 전을 만들어 먹는 것이 좋아요. 굴은 통통하고 유백색을 띠며 탄력이 있는 것이 싱싱합니다.

재료 (10~12회분)

굴 절임
굴 600g
레몬 1/4개
소금 1/3컵

무 절임
무 300g
소금 2큰술

굴젓 양념
고춧가루 1/2컵
다진 마늘 3큰술
설탕 3큰술
액젓 2큰술
청주 2큰술
다진 실파 조금
다진 붉은 고추 조금

1 **굴에 레몬즙 뿌리기** 굴을 싱싱한 것으로 준비해 연한 소금물에 씻어 물기를 뺀 뒤 레몬즙을 뿌린다.

2 **소금에 절이기** 손질한 굴에 소금을 뿌리고 고루 섞어 하루 정도 서늘한 곳에서 절인다. 절인 굴은 체에 받쳐 물기를 뺀다.

3 **무 썰어 절이기** 무는 엄지손톱 크기로 납작하게 썰어 소금에 절인다. 절인 무는 물기를 가볍게 짠다.

4 **굴 양념하기** 절인 굴과 무를 한데 넣고 양념을 분량대로 넣어 고루 섞는다.

5 **담아 내기** 서늘한 곳에서 하루 정도 두었다가 먹을 만큼 덜어 접시에 담고 다진 실파를 뿌린다. 나머지는 냉장고에 보관하면 2주일 정도 먹을 수 있다.

미역줄기볶음

꼬들꼬들한 미역줄기를 물에 담가 짠맛을 빼고 마늘을 넉넉히 넣어 볶으면 맛있는 반찬이 됩니다.
염장 미역은 물에 담가 짠맛을 뺀 다음에 조리해야 한다는 것을 잊지 마세요.

재료 (5~6회분)

미역줄기 400g
양파 1/2개
붉은 고추 1개
식용유 2큰술

볶음 양념
간장 2큰술
다진 마늘 1큰술
청주 1작은술

1 **물에 담가 짠맛 빼기** 염장 미역줄기는 물에 충분히 담가 짠맛을 뺀 뒤 맑은 물에 헹궈 먹기 좋은 크기로 자른다.

2 **양파·고추 썰기** 양파는 채 썰고 붉은 고추는 어슷하게 썬다.

3 **양념하기** 손질한 미역줄기에 준비한 양념과 양파·붉은 고추를 모두 넣고 고루 주무른다.

4 **팬에 볶기** 달군 팬에 식용유를 두르고 양념한 미역줄기를 넣어 볶는다.

5 **담아 내기** 접시에 담아 상에 내고, 남은 것은 식혀서 밀폐용기에 담아 냉장고에 두면 일주일 이상 먹을 수 있다.

쿠킹팁! 미역줄기는 짠맛을 충분히 빼세요
염장 미역줄기는 짠맛이 강해서 반드시 찬물에 담가 짠맛을 뺀 뒤 조리해야 해요. 염도에 따라 물에 담그는 시간을 조절하는데, 중간중간 맛을 봐가며 물을 갈아주는 것이 좋아요. 보통 한두 시간 담가두면 되는데, 간이 너무 많이 빠졌다면 볶을 때 간장으로 간을 맞추면 됩니다.

김무침

김을 부숴서 간장과 참기름으로 무친 김무침은 입에 착 붙는 맛있는 반찬이에요. 김무침은 낱장으로 된 김으로 해도 되지만, 덩어리로 파는 파래김을 이용해도 좋아요.

재료 (3~4회분)

김 10장

양념장
간장 3큰술
참기름 1큰술
다진 실파 2큰술
통깨 1큰술
설탕 2작은술

1 **김 구워 부수기** 김은 바삭하게 구워 비닐봉지에 넣어 적당한 크기로 부순다. 너무 곱게 부수지 않아야 무쳤을 때 집어 먹기가 좋다.

2 **양념장 만들기** 간장에 참기름과 다진 실파, 통깨, 설탕을 넣고 고루 섞는다.

3 **김 넣어 무치기** 양념장에 부순 김을 넣고 조물조물 무쳐 간이 잘 배어들도록 한다.

4 **담아 두기** 밀폐용기에 담아 냉장고에 두면 4일 정도 먹을 수 있다.

쿠킹팁! **김무침은 빨리 먹는 게 좋아요**
김무침은 의외로 보존 기간이 길지 않아요. 4~5일만 지나면 변색이 되고 물기 때문에 풀어져서 맛이 없게 되죠. 무칠 때 너무 빡빡하다고 물을 넣으면 질척해져서 맛이 없어지니 주의하세요.

다시마튀각

마른 다시마는 주로 국물을 낼 때 이용하지만 밑반찬 재료로 써도 좋아요. 대표적인 것이 다시마튀각인데, 튀겨서 설탕만 뿌리면 짭짤하고 맛있는 반찬이 됩니다.

재료 (3~4회분)

마른 다시마 100g
식용유 2컵
설탕 조금

1 **마른 다시마 닦기** 마른 다시마를 먹기 좋은 크기로 잘라 물을 조금 묻힌 거즈나 종이타월로 가볍게 닦아준다.

2 **기름에 튀기기** 170℃의 기름에 재빨리 튀겨낸 뒤 종이타월 위에 올려 기름을 뺀다.

3 **설탕 뿌리기** 뜨거울 때 설탕을 뿌려 식힌다.

4 **담아 두기** 밀폐용기에 담아 냉동실에 보관한다. 냉동실에서 10일 이상 보관할 수 있다.

쿠킹팁! 다시마는 재빨리 튀기세요

다시마나 미역을 튀길 때 자칫 잘못하면 금방 타기 쉬워요. 기름을 센 불에 끓여서 약한 불로 줄인 다음 다시마를 넣어 호로록 튀겨지면 바로 건지세요. 한꺼번에 너무 많이 넣으면 한꺼번에 건질 수 없으니 한 번에 건질 수 있을 만큼 넣어서 튀겨야 해요. 넣을 때도 한 번에, 꺼낼 때도 한 번에 재빨리 하는 것이 요령입니다.

미역자반

미역자반은 마른미역을 잘게 잘라 끓는 기름에 튀기듯 볶아 설탕과 깨를 뿌려 먹는 전통 밑반찬이에요.
요오드가 풍부해 아이들 반찬으로 준비하면 좋고, 술안주로 내도 환영받아요.

재료 (5~6회분)

마른미역 100g
식용유 5큰술
설탕 3큰술
통깨 1큰술

1 **마른미역 손질하기** 마른미역은 가위로 폭이 1cm 정도 되게 자른다. 잘라서 파는 시판 미역을 준비해도 된다.

2 **기름에 볶기** 달군 팬에 식용유를 두르고 미역을 넣어 재빨리 저으면서 고루 볶는다.

3 **설탕과 통깨 넣기** 불에서 내린 뒤 설탕과 통깨를 뿌려 고루 섞는다.

4 **담아 두기** 식으면 밀폐용기에 담아 냉동실에 보관한다. 냉동실에 10일 이상 보관할 수 있다.

쿠킹팁! 냉동실에 보관해야 눅눅해지지 않아요.
바삭한 미역자반이나 튀각 등의 음식은 냉장고에 두면 습기 때문에 눅눅해지기 쉬워요. 서늘한 계절에는 실온에 두어도 되는데, 보통은 냉동실에 두는 것이 좋답니다. 너무 오래되면 기름이 산패되어 건강에 안 좋으니 일주일 정도 먹을 분량만큼 만드는 것이 좋아요.

3가지 맛 어묵볶음

어묵은 누구나 좋아하는 밑반찬 재료 중의 하나입니다. 여러 가지 모양의 어묵이 들어 있는 모둠 어묵을 준비해 각각 다른 양념으로 조리해보세요. 색다른 맛을 즐길 수 있어요.

재료 (4~5회분)

어묵(동그란 것) 200g
식용유 2큰술
고추장 1큰술
다진 마늘 1큰술
설탕 1큰술
물엿 1/2큰술
청주 1큰술
물 3큰술

고추장어묵볶음

1 **어묵 준비하기** 동그란 어묵을 준비한다.

2 **고추장으로 볶기** 달군 팬에 식용유와 고추장, 다진 마늘, 설탕, 물엿, 청주, 물을 넣고 살짝 끓인 뒤 어묵을 넣어 뒤적이면서 볶는다.

재료 (4~5회분)

어묵(구멍 뚫린 것) 200g
식용유 2큰술
고춧가루 1큰술
다진 마늘 1큰술
설탕 1큰술
물엿 1/2큰술
청주 1큰술
물 3큰술
소금 1/2작은술

고춧가루어묵볶음

1 **어묵 준비하기** 구멍 뚫린 어묵을 준비해 밤톨만한 크기로 썬다.

2 **고춧가루로 볶기** 달군 팬에 식용유와 고춧가루, 다진 마늘, 설탕, 물엿, 청주, 물, 소금을 넣고 타지 않게 뒤적이면서 볶는다.

재료 (4~5회분)

어묵(납작한 것) 200g
식용유 2큰술
간장 1큰술
다진 마늘 1큰술
설탕 1큰술
물엿 1/2큰술
청주 1큰술
물 3큰술

간장어묵볶음

1 **어묵 준비하기** 납작한 사각 어묵을 준비해 굵직하게 채 썬다.

2 **간장으로 볶기** 달군 팬에 식용유와 간장과 다진 마늘, 설탕, 물엿, 청주, 물을 넣고 중불에서 양념이 배어들도록 섞어가면서 볶는다.

쿠킹팁! 조리하기 전 뜨거운 물로 한번 헹구세요

어묵을 건강하게 먹으려면 겉도는 기름을 없애는 것이 좋아요. 겉기름을 없애려면 끓는 물에 어묵을 넣어 데쳐내거나 뜨거운 물을 끼얹으면 됩니다.

채 소

아삭아삭 식감이 좋은 연근조림부터 달큼하게 조린 콩자반까지, 채소는 그 자체로도 뛰어난 반찬이지만 조리할 때 수분을 없애주면 저장성까지 훌륭한 밑반찬이 돼요. 보관도 쉽고 맛도 좋은 채소 밑반찬으로 건강한 밥상을 차려볼까요?

CHAPTER. 3

연근조림

연근을 간장으로 달착지근하게 조려 아이들이 좋아하는 밥반찬을 만들었어요. 한 번 데쳐서 조렸기 때문에 아삭하게 씹히는 맛이 아주 좋아요.

재료 (5~6회분)

연근 400g
식초 1/2큰술

조림장

간장 4큰술
설탕 1큰술
식용유 2큰술
물 3컵

물엿 1큰술
통깨 조금

1. **연근 썰어 데치기** 연근은 껍질을 벗기고 너무 두껍지 않게 썰어 끓는 물에 식초를 조금 넣고 데친다.

2. **조림장 끓이기** 냄비에 간장과 설탕, 식용유, 물을 넣고 한소끔 끓인다.

3. **연근 넣어 조리기** 데친 연근을 조림장에 넣고 센 불에서 간이 배어들도록 조리다가 불을 약하게 줄여 국물이 조금만 남을 정도로 조린다. 불에서 내리기 전에 물엿을 넣어 단맛과 윤기를 더한다.

4. **담아 내기** 통깨를 뿌려 접시에 낸다. 남은 것은 1주일 정도 냉장고에 두고 먹을 수 있다.

쿠킹팁! 아린 맛을 빼려면 식촛물에 데쳐 사용하세요
연근을 고를 때는 너무 크지도 작지도 않은 적당한 크기의 것을 골라야 썰어놓으면 모양이 예뻐요. 손질할 때는 식촛물에 살짝 데쳐서 조리해야 아린 맛이 빠지고 갈변 현상을 막을 수 있어요.

우엉조림

간간하고 달착지근하게 조린 우엉조림은 우리 식탁을 차지하는 대표적인 밑반찬이죠. 채 썰거나 어슷하게 썰어 조리면 아작아작 씹는 맛이 아주 좋답니다.

재료 (5~6회분)

우엉 400g
식초 1/2큰술

조림장
간장 4큰술
설탕 1큰술
식용유 2큰술
물 3컵

물엿 1큰술
참기름 1작은술

1 **우엉 썰어 데치기** 우엉은 껍질을 벗기고 어슷하게 썬 다음 다시 굵직하게 채 썬다. 채 썬 우엉을 끓는 물에 식초를 넣고 데쳐 건진다.

2 **조림장 끓이기** 냄비에 간장과 설탕, 식용유, 물을 넣어 한소끔 끓인다.

3 **우엉 넣어 조리기** 데친 우엉 채를 조림장에 넣고 간이 배어들도록 조리다가 불을 약하게 줄여 국물이 조금만 남을 정도로 조린다. 불에서 내리기 전에 물엿을 넣어 윤기를 내고 참기름을 뿌려 고소한 맛을 더한다.

4 **담아 내기** 한 번 먹을 분량을 접시에 담는다. 남은 것은 1주일 정도 냉장고에 두고 먹을 수 있다.

쿠킹팁! 김밥이나 주먹밥에 이용해보세요
우엉조림은 넉넉히 만들어두면 밑반찬뿐만 아니라 다양하게 이용할 수 있어요. 김밥의 속재료로 이용해도 좋고, 잘게 다져서 주먹밥이나 유부초밥에 넣으면 아작아작 씹는 맛이 더 좋아요.

감자조림

큼직하게 자른 감자에 어슷하게 썬 꽈리고추를 넣고 조림을 만들어보세요. 꽈리고추 대신 매운 고추를 넣고 칼칼하게 조리면 매콤한 맛이 입맛을 돋우는 밑반찬이 돼요.

재료 (3~4회분)

감자 3개
꽈리고추 10개
통깨 조금
식용유 2큰술

조림장

간장 2큰술
설탕 2큰술
물엿 1큰술
청주 1큰술
소금 1작은술
물 1/2컵

1 **감자 썰어 녹말 빼기** 감자는 껍질을 벗기고 반으로 자른 다음 3cm 폭의 반달 모양으로 도톰하게 썬다. 반달 모양의 감자를 30분 정도 물에 담가 녹말을 빼고 물기를 걷는다.

2 **꽈리고추 칼집 넣기** 꽈리고추는 꼭지를 떼고 물에 깨끗이 씻은 다음 군데군데 칼집을 넣는다. 큰 것은 반으로 자른다.

3 **감자 조리기** 오목한 팬에 식용유를 두르고 감자를 넣어 센 불에서 볶다가 조림장 재료를 모두 넣고 불을 약하게 줄여 익힌다. 뚜껑을 덮은 채 속까지 무르도록 조린다.

4 **꽈리고추 넣고 조리기** 감자가 충분히 익으면 꽈리고추를 넣어 한숨 살짝 죽을 정도로만 조린다. 너무 오래 조리면 고추 색이 다 죽으므로 주의한다.

5 **담아 내기** 접시에 담은 뒤 통깨를 뿌린다. 남은 것은 밀폐용기에 담아 1주일 정도 냉장고에 두고 먹을 수 있다.

쿠킹팁! 물에 담가 전분기를 빼면 깔끔해요

감자를 썰어서 그냥 조리면 전분기가 팬에 달라붙어 속이 익기도 전에 타버리고 지저분해지기 쉬워요. 감자를 썰어서 물에 담가 전분기를 빼면 좀 더 깔끔한 조림을 만들 수 있어요.

알감자조림

알감자는 껍질째 조려야 제맛이에요. 껍질째 깨끗하게 씻은 알감자를 기름에 먼저 볶아 속까지 충분히 익힌 다음 조리면 간이 잘 배어들어 맛이 더 좋아져요.

재료 (3~4회분)

알감자 400g
식용유 4큰술

조림장

간장 3큰술
설탕 1큰술
다진 마늘 1작은술
물 2/3컵
청주 2큰술
물엿 2큰술

1. **알감자 씻기** 알감자는 껍질째 깨끗하게 씻어 물기를 뺀다

2. **알감자 기름에 볶기** 기름 두른 팬에 돌돌 굴려가며 애벌로 익힌다.

3. **조림장 끓이기** 간장과 설탕, 청주, 다진 마늘, 물을 냄비에 담고 한소끔 끓인다.

4. **알감자 넣어 조리기** 구운 알감자를 조림장에 넣고 간이 배어들도록 조린다. 조림장 국물이 자작해지면 물엿을 넣어 윤기를 더하고 불에서 내린다.

5. **담아 내기** 한 번 먹을 분량을 접시에 담아낸다. 남은 것은 1주일 정도 냉장고에 두고 먹을 수 있다.

쿠킹팁! 약한 불에서 오래 조려야 맛있어요
알감자는 웬만해서는 속까지 간이 배기가 쉽지 않아요. 약한 불에서 오래 간이 잘 배도록 조려야 해요. 오래 조리면 껍질이 쪼글쪼글해져서 더 먹음직스러워 보인답니다.

콩자반과 땅콩조림

영양이 풍부하고 한 알씩 집어 먹는 재미가 있어 아이들도 참 좋아해요. 재료는 다르지만 만드는 방법은 거의 비슷한데, 부드럽고 윤기가 돌게 조리는 것이 맛내기 포인트예요.

재료 (5~6회분)

검은콩 1컵
통깨 1작은술

조림장
간장 4큰술
설탕 1큰술
식용유 2큰술
물엿 1큰술

콩자반

1. **검은콩 삶기** 콩을 2시간 이상 물에 담가 불린 뒤 냄비에 담고 콩의 2배 정도의 물을 부어 끓인다. 거품이 부르르 끓어오르면 불을 끄고 콩이 자작하게 잠길 정도로 물을 따라버린다.

2. **검은콩 넣어 조리기** ①의 냄비에 조림장 재료를 넣고 센 불에서 10분 정도 끓이다가 불을 약하게 줄여 조린다. 불에서 내리기 전에 물엿과 통깨를 넣어 고루 섞는다.

3. **담아 내기** 한번 먹을 분량을 접시에 담고 남은 것은 밀폐용기에 담아 2주일 정도 냉장고에 두고 먹는다.

재료 (5~6회분)

생 땅콩 2컵

조림장
간장 4큰술
설탕 1큰술
청주 1큰술
식용유 2큰술
물 1컵

땅콩조림

1. **생 땅콩 삶기** 땅콩을 물에 불린 뒤 냄비에 담고 물을 자작하게 부어 10분 정도 삶는다.

2. **조림장 끓이기** 조림장 재료를 냄비에 넣고 한소끔 끓인다.

3. **생 땅콩 넣어 조리기** 조림장에 삶은 땅콩을 넣어 센 불에서 조리다가 불을 약하게 줄여 간이 충분히 배어들도록 조린다.

4. **담아 내기** 한 번 먹을 분량을 접시에 담아낸다. 남은 것은 밀폐용기에 담아 2주일 정도 냉장고에 두고 먹는다.

쿠킹팁! 물의 분량을 잘 맞춰야 맛있어요

콩자반이나 땅콩조림은 너무 딱딱하면 먹기 힘들고 너무 무르면 맛이 없어요. 껍질이 쪼글쪼글하면서 적당히 설컹설컹해야 더 맛있어요. 콩을 우르르 삶아낸 뒤 물을 자작하게 따라버리고 조림장을 넣어 조리면 적당합니다.

두부조림

두부를 달군 팬에 지진 다음 양념장에 간간하게 조린 밥반찬이에요. 한 번 구운 뒤 조렸기 때문에 더 깊은 맛이 나고 다른 두부 반찬보다 보존성이 좋아 더 오래 두고 먹을 수 있어요.

재료 (2~3회분)

두부 1모
소금 조금
식용유 2큰술

양념장

간장 4큰술
설탕 1큰술
고춧가루 1큰술
다진 파 1큰술
다진 마늘 1/2큰술
깨소금 1작은술
참기름 1작은술

물 1/3컵
통깨 조금

1 **두부 썰어 소금 뿌리기** 두부는 1cm 두께로 네모지게 썰어 소금을 뿌려둔다. 두부에서 물기가 배어나오면 키친타월로 닦는다.

2 **기름에 지지기** 뜨겁게 달군 팬에 기름을 두르고 두부를 넣어 앞뒤로 노릇노릇하게 지진다.

3 **양념장 만들기** 준비한 재료를 모두 합하여 양념장을 만든다.

4 **양념장 끼얹고 조리기** 팬에 두부부침을 깔고 양념장을 고루 끼얹은 다음 팬 가장자리에 물을 흘려 붓고 조린다.

5 **담아 내기** 한 번 먹을 분량을 접시에 담고 통깨를 뿌린다. 남은 것은 밀폐용기에 담아 5일 정도 냉장고에 두고 먹을 수 있다.

쿠킹팁! 오래 두고 먹으려면 구워서 조리세요
두부조림은 썰어서 그대로 양념장에 조리는 방법도 있고, 기름에 지진 다음 양념장을 넣고 조리는 방법도 있어요. 오래 두고 먹을 밑반찬으로 만들려면 구워서 물기를 거의 없앤 뒤에 조리는 것이 좋아요.

더덕구이

더덕을 얇게 두드려 펴서 고추장 양념을 발라 구우면 맛있는 별미 밑반찬이 되죠. 더덕 특유의 쌉쌀한 향과 고추장의 매콤한 맛이 입맛을 돋워준답니다.

재료 (5~6회분)

더덕 400g
실파 1큰술

기름장

간장 2큰술
참기름 4큰술

고추장 양념장

고추장 2큰술
간장 2큰술
고춧가루 2큰술
깨소금 1작은술
다진파 2큰술
다진 마늘 1작은술
설탕 2작은술

1 **더덕 손질하기** 더덕은 돌려가며 껍질을 벗겨 반으로 가른 뒤 방망이로 자근자근 두드려 납작하게 편다.

2 **더덕 아린 맛 빼기** 손질한 더덕을 찬물에 담가 아린 맛을 뺀다.

3 **기름장 발라 굽기** 손질한 더덕에 기름장을 넉넉히 바른 뒤 석쇠에 올려 약한 불에서 살짝 굽는다. 석쇠 대신 달군 팬에 구워도 된다.

4 **고추장 양념 발라 굽기** 살짝 익힌 더덕에 고추장 양념을 고루 발라가며 다시 한번 앞뒤로 굽는다.

5 **담아 내기** 접시에 담고 송송 썬 실파와 통깨를 솔솔 뿌린다. 남은 것은 3일 정도 냉장고에 두고 먹을 수 있다.

쿠킹팁! 애벌구이해서 양념해야 타지 않아요

기름장을 발라 애벌구이를 하는 것은 타는 것을 방지하기 위해서예요. 처음부터 고추장 양념을 해서 구우면 익기도 전에 양념이 타버려 지저분해져요.

새송이버섯간장조림

새송이버섯을 큼직하게 썰어 하루 정도 말린 다음 간장에 조려보세요. 말린 버섯을 간간한 양념과 함께 볶으면 쫄깃하게 씹히는 맛이 일품인 반찬이 돼요.

재료 (3~4회분)

새송이버섯 10개
양파 1/2개
식용유 3큰술

양념

간장 3큰술
설탕 1/2큰술
청주 1큰술
물 1/2컵

1 **새송이버섯 말리기** 새송이버섯은 밑동 끝을 자르고 살짝 씻은 뒤 하루 정도 말린다. 겉은 조금 단단해지고 속은 부드러워진다.

2 **새송이버섯·양파 썰기** 마른 새송이버섯을 길이로 반 가른 다음 다시 먹기 좋은 크기로 네모지게 썬다. 양파도 비슷한 크기로 네모지게 썬다.

3 **양념해서 볶기** 달군 팬에 식용유를 두르고 간장과 설탕을 넣은 뒤 버섯을 넣어 간장색이 고루 배어들도록 볶는다.

4 **바특하게 조리기** 청주와 물을 넣고 국물이 바특해지도록 조린다.

5 **담아 내기** 한 번 먹을 분량을 접시에 담고, 남은 것은 밀폐용기에 담아 냉장고에 둔다. 1주일 정도 냉장고에 두고 먹을 수 있다.

쿠킹팁! 표고버섯으로 해도 맛있어요
새송이버섯 대신 표고버섯으로 간장볶음을 해도 맛있어요. 표고버섯은 갓의 살이 두툼해서 부드럽고 말캉말캉한 감촉이 좋아요.

마른 표고버섯들깨볶음

마른 표고버섯을 불려 조리하면 부드럽고 쫄깃쫄깃한 건강 반찬이 됩니다. 달착지근한 표고버섯에 들깨가루를 더해 구수한 맛과 향이 일품이에요.

재료 (3~4회분)

마른 표고버섯 10~12개
식용유 4큰술
송송 썬 실파 조금

양념
간장 4큰술
설탕 1/2큰술
다진 마늘 1작은술
청주 1큰술
들깨가루 2큰술
물 1½컵

1 **마른 표고버섯 불리기** 표고버섯은 찬물에 담가 부드럽게 불린 뒤 물기를 닦는다.

2 **표고버섯 썰기** 표고버섯의 기둥을 자르고 갓만 4등분한다. 기둥도 밑동 끝만 잘라내고 결대로 찢어 함께 조리한다.

3 **양념해서 볶기** 달군 팬에 식용유를 두르고 버섯을 넣어 볶다가 간장, 설탕, 다진 마늘, 청주를 넣고 고루 섞어가면서 볶는다. 간이 배어들면 들깨가루를 넣는다.

4 **물 붓고 조리기** 물을 붓고 고루 섞은 뒤 뚜껑을 덮고 5분 정도 센 불에서 국물이 바특해지도록 조린다.

5 **담아 내기** 한 번 먹을 분량을 접시에 담고 실파를 뿌린다. 남은 것은 밀폐용기에 넣어 5일 정도 냉장고에 두고 먹는다.

쿠킹팁! 표고버섯은 찬물에 불려요
마른 표고버섯은 따뜻한 물에 불리면 감칠맛을 내는 구아닐산이 충분히 우러나오지 않아요. 시간이 조금 걸리더라도 찬물에 불리고 표고버섯을 불린 물은 육수로 활용하세요.

시래기된장볶음

무청을 말린 시래기를 삶아서 된장에 구수하게 볶았어요. 김장하고 남은 무청을 말려서 갈무리해두면 채소가 부족한 겨울철 영양을 보충할 수 있는 건강 반찬이 됩니다.

재료 (4~5회분)

삶은 시래기 500g
양파 1개

된장 양념

된장 3큰술
참기름 1큰술
다진 마늘 1/2큰술
설탕 1큰술
식용유 2큰술
물 1/2컵

1 **시래기 손질하기** 삶은 시래기는 다시 한번 헹군 뒤 물기를 빼고 먹기 좋은 크기로 자른다.

2 **시래기 양념하기** 시래기에 굵직하게 채 썬 양파와 된장, 참기름, 다진 마늘, 설탕, 식용유를 넣고 조물조물 무쳐서 잠시 간이 배어들도록 둔다.

3 **센 불에 볶기** 양념한 시래기를 팬이나 냄비에 넣어 볶는다.

4 **시래기 조리기** 센 불에서 볶다가 불을 약하게 줄이고 물을 부은 뒤 뚜껑을 덮어 조린다.

5 **담아 내기** 한 번 먹을 분량을 접시에 담는다. 남은 것은 5일 정도 냉장고에 두고 먹을 수 있다.

쿠킹팁! 멸치국물을 넣으면 더 깊은 맛이 나요
시래기를 불고기 양념하듯 재어 달군 팬에 볶아도 맛있어요. 오래 두고 먹을 것이라면 국물은 조금 바특하게 조리하세요. 물 대신 멸치국물이나 황태국물을 넣으면 더욱 감칠맛이 나요.

깻잎찜

향긋하고 짭조름한 깻잎찜은 잃었던 입맛을 되살려주는 밑반찬이에요. 아이들도 잘 먹을 수 있도록 고춧가루 대신 멸치가루를 넣어 맛을 낸 것이 포인트예요.

금방 먹을 것이라면 한 김만 오를 정도로 살짝 찌면 되지만, 며칠 두고 먹을 때는 색이 좀 변하더라도 충분히 찌는 것이 좋아요.

재료 (3~4회분)

깻잎 60장

양념장

국간장 4큰술
멸치가루 1큰술
들기름 1큰술
설탕 1큰술
청주 1/2큰술
다진 실파 3큰술
물 5큰술

1 **깻잎 손질하기** 깻잎은 꼭지를 잡고 흐르는 물에 한 장씩 씻어 물기를 뺀 뒤 꼭지를 조금만 남기고 자른다.

2 **양념장 만들기** 양념장 재료를 분량대로 넣고 고루 섞는다.

3 **양념장 얹어 찌기** 깻잎을 3장씩 덜어 양념장을 조금씩 끼얹고 한 김 오른 찜통에 그릇째 넣어 5분 이상 찐다.

4 **담아 내기** 한 번 먹을 분량을 접시에 담는다. 남은 것은 10일 정도 냉장고에 두고 먹을 수 있다.

깻잎볶음

연한 들깻잎에 갖은 양념을 해서 나물 반찬을 만들어보세요. 국간장으로 양념해 들기름으로 볶은 깻잎나물은 향긋하고 구수해서 누구나 좋아한답니다.

> 깻잎볶음은 다 자란 깻잎으로 하기도 하지만 연한 깻잎 순으로 조리하는 게 더 맛있어요. 여러 장씩 붙어 있는 깻잎순은 줄기를 다듬어 버리고 연한 순만 이용하세요.

재료 (3~4회분)

여린 들깻잎 400g
식용유 2큰술
물 3큰술

양념

국간장 2큰술
다진 파 1큰술
다진 마늘 1작은술
깨소금 1큰술
들기름 2큰술
통깨 조금

1 **깻잎 데치기** 연한 들깻잎을 끓는 물에 소금을 조금 넣고 살짝 데쳐서 찬물에 헹궈 물기를 꼭 짠다.

2 **양념하기** 데친 깻잎에 양념을 넣고 조물조물 무친다.

3 **팬에 볶기** 달군 팬에 식용유를 두르고 양념한 깻잎을 볶는다. 중간 중간에 물을 조금씩 넣어가며 촉촉하게 볶는다.

4 **담아 두기** 접시에 담고 통깨를 뿌려 고소함을 더한다. 남은 것은 1주일 정도 냉장고에 두고 먹을 수 있다.

마늘종조림

마늘의 아린 맛을 뺀 뒤 간장 양념에 조리면 아삭거리는 식감이 매력적인 마늘종조림이 돼요. 짭짤한 마늘종조림은 입맛 없을 때 밑반찬으로 아주 좋아요.

마늘종을 구부려봤을 때 '똑' 소리가 나면서 부러지는 것이 싱싱하고 연해서 맛있어요. 다듬을 때는 가늘고 질긴 끝부분을 잘라내고 다듬어요.

재료 (5~6회분)

마늘종 400g
소금 조금
식용유 3큰술
실고추 조금

조림장

간장 3큰술
참기름 1큰술
설탕 1½큰술
청주 1½큰술
물 1/2컵

1 **마늘종 데치기** 마늘종은 4~5cm 길이로 잘라 끓는 물에 소금을 조금 넣고 데친 뒤 찬물에 헹궈 물기를 뺀다.

2 **조림장 끓이기** 냄비에 식용유와 간장, 참기름, 설탕, 청주, 물을 넣고 한소끔 보글보글 끓인다.

3 **마늘종 넣어 조리기** 조림장에 데친 마늘종과 실고추를 넣어 양념이 고루 배어들도록 센 불에서 5분 정도 조리다가 중불로 줄여 뒤적이면서 바특하게 조린다.

4 **담아 내기** 한 번 먹을 분량을 접시에 담아낸다. 남은 것은 밀폐용기에 담아 1주일 정도 냉장고에 두고 먹을 수 있다.

마늘종새우볶음

마늘종과 마른 새우를 달착지근한 양념으로 볶았어요. 칼슘이 풍부한 마른 새우를 함께 볶았기 때문에 아이들과 노인들에게 좋은 영양 반찬이 돼요.

마늘종은 볶을 때 덜 익어서 뻣뻣해 보여도 남은 열로 좀 더 익기 때문에 덜 익었다 싶을 때 불에서 내리는 게 좋아요.

재료 (5~6회분)

마늘종 400g
마른 새우 1컵
식용유 2큰술

조림장
간장 3큰술
청주 2큰술
설탕 2작은술
물엿 1½큰술
물 5큰술

통깨 2작은술
후춧가루 조금

1 **마늘종·새우 준비하기**   마늘종은 깨끗이 씻어 3cm 길이로 썬다. 마른 새우는 체에 밭쳐 먼지를 살살 턴다.

2 **새우 볶기**   마른 새우는 기름을 두르지 않은 팬에 한 번 볶는다.

3 **기름에 볶기**   달군 팬에 식용유를 두르고 마늘종과 마른 새우를 넣어 중불에서 애벌로 살짝 볶는다.

4 **조림장에 조리기**   팬에 조림장 재료를 넣고 끓이다가 마늘종과 마른 새우를 넣고 볶는다. 불에서 내리기 전 통깨와 후춧가루를 뿌려 맛을 낸다.

5 **담아 내기**   접시에 담고 남은 것은 밀폐용기에 넣으면 1주일 정도 냉장고에 두고 먹을 수 있다.

꽈리고추멸치조림

멸치와 꽈리고추를 국간장으로 양념해 간간하게 조린 밑반찬이에요. 매운맛 때문에 아이들이 꺼린다면 꽈리고추 대신 마늘종을 넣어도 좋아요.

재료 (5~6회분)

중멸치 300g
꽈리고추 400g
식용유 2큰술

양념장

국간장 3큰술
설탕 1큰술
청주 1큰술
다진 파 1큰술
다진 마늘 1작은술
생강즙 1작은술
참기름 1/2큰술
깨소금 1/2큰술

1 **꽈리고추 손질하기** 꽈리고추는 꼭지를 떼고 씻은 뒤 꼬치로 찔러 양념장이 잘 배도록 한다. 큰 것은 반으로 자른다.

2 **멸치 손질하기** 멸치는 머리와 내장을 떼고 손질한다.

3 **멸치 볶기** 손질한 멸치를 기름 두른 팬에 볶아 비린 맛을 없앤다.

4 **양념에 조리기** 오목한 팬에 양념장 재료를 모두 넣고 끓인다. 바글바글 끓으면 고추를 넣고 뚜껑을 덮어 약한 불에서 은근하게 조리다가 멸치를 넣고 좀 더 조린다.

5 **담아 내기** 한 번 먹을 분량을 접시에 담는다. 남은 것은 밀폐용기에 담아 5일 정도 냉장고에 두고 먹을 수 있다.

쿠킹팁! 푸른색이 나게 하려면 살짝만 볶아요

꽈리고추의 색을 유지하면서 아삭한 맛을 내고 싶을 때는 달군 팬에 식용유를 조금만 두르고 꽈리고추를 살짝 볶아 윤기나게 만든 후 접시에 담아 뜨거운 김을 날리세요. 그런 다음 양념한 간장을 끼얹으면 꽈리고추의 색과 아삭함이 유지돼요.

풋고추찜

꽈리고추에 밀가루를 묻혀 살짝 찐 다음 간장, 고춧가루 등으로 양념해 조물조물 무친 반찬이에요. 고추의 매콤한 맛과 양념장의 감칠맛이 입맛을 살려줘요.

풋고추를 찜통에 안칠 때는 젖은 면포를 깔아야 해요. 그렇지 않으면 밀가루 묻힌 고추에 수증기가 떨어져서 밀가루가 흘러내리거나 들러붙어 버리기 때문이에요. 오래 찌면 고추의 색과 향이 사라지니 살짝만 쪄내도록 하세요.

재료 (5~6회분)

꽈리고추 40개
밀가루 1큰술
실고추 조금

무침 양념

간장 2큰술
다진 파 2큰술
다진 마늘 1작은술
고춧가루 1큰술
참기름 1큰술
깨소금 1/2큰술

1 **풋고추 손질하기** 풋고추는 꼭지를 떼고 씻어 건져둔다. 큰 것은 반 가르고 씨를 빼낸다.

2 **밀가루에 버무리기** 손질한 풋고추에 밀가루를 뿌려 골고루 섞어준다.

3 **풋고추 찌기** 풋고추를 찜통에 펼쳐 안친 다음 날가루가 보이지 않도록 분무기로 물을 뿌려 10분 정도 찐다.

4 **양념에 무치기** 무침 양념 재료를 분량대로 섞은 다음 찐 풋고추를 넣고 고루 무친다.

5 **담아 내기** 접시에 담고 실고추를 위에 얹는다. 남은 것은 5일 정도 냉장고에 두고 먹을 수 있다.

고추부각

부각은 정성스럽게 준비하는 반찬이에요. 튀각과 달리 밀가루 풀을 발라 튀기기 때문에 손이 많이 가게 되죠. 가족의 건강을 위해 부각을 직접 만들어 식탁에 올려보세요.

쪄서 바싹 말린 고추는 냉동실에 두었다가 그때그때 이용하세요. 말린 상태 그대로 튀겨서 부각을 만들면 좋아요. 튀겨낸 부각은 뜨거울 때 설탕을 뿌려야 잘 달라붙는 답니다.

재료 (10~12회분)

풋고추(꽈리고추) 600g
밀가루 1컵
식용유 2컵
설탕 1큰술
소금 조금

1 **고추 손질해 밀가루 묻히기** 작은 풋고추를 준비해 꼭지를 떼고 깨끗이 씻어 건진 뒤 물기가 남아 있을 때 밀가루를 고루 묻힌다.

2 **찜통에 쪄서 말리기** 찜통에 면포를 깔고 밀가루 묻힌 고추를 고르게 펼쳐 찐다. 쪄낸 고추는 채반에 널어서 햇볕에 말린다. 대강 마르면 그늘에서 바싹 말린다.

3 **기름에 튀겨 설탕·소금 뿌리기** 170℃의 기름에 재빨리 튀겨낸 뒤 종이타월 위에 올려 기름을 뺀다. 뜨거울 때 설탕과 소금을 뿌려 식힌다.

4 **담아 두기** 밀폐용기에 담아 냉동실에 보관한다. 냉동실에서 10일 이상 보관할 수 있다.

무말랭이무침

잘 말린 무말랭이를 간장으로 밑간해서 고춧잎과 함께 매콤하게 무쳤어요. 무의 알싸한 맛과 꼬들꼬들 씹히는 맛이 매력적인 인기 밑반찬이에요.

> 무말랭이를 직접 만들어보세요. 무를 손가락 굵기로 썰어 채반에 고루 펼쳐놓고 햇볕에 바짝 말리면 됩니다. 바짝 마르면 밀봉해서 냉동실에 넣어두고 필요할 때 이용하세요.

재료 (3~4회분)

무말랭이 200g
마른 고춧잎 30g
간장 1/3컵

무침 양념

설탕 1큰술
물엿 1큰술
고춧가루 1/2큰술
멸치액젓 1큰술
물 2큰술
다진 마늘 1작은술
참기름 1/2큰술
통깨 1큰술

1 **재료 준비하기** 무말랭이는 물에 재빨리 씻어 건져 물기를 꼭 짜고, 고춧잎은 물에 불려 부드럽게 한 다음 물기를 꼭 짠다.

2 **간장으로 밑간하기** 물기 짠 무말랭이에 간장을 붓고 꼭꼭 주물러 간이 배게 20분 정도 둔다.

3 **양념에 무치기** 무말랭이와 고춧잎을 무침 양념으로 무쳐 병에 꼭꼭 눌러 담는다. 실온에 반나절 정도 두면 맛이 든다.

4 **담아 내기** 한 번 먹을 분량을 접시에 담는다. 남은 것은 밀폐용기에 담아 10일 정도 냉장고에 두고 먹을 수 있다.

무말랭이볶음

무말랭이를 부드럽게 불려서 짭조름하고 달콤한 양념장에 바특하게 볶았어요. 취향에 따라 다진 청양고추나 쇠고기를 잘게 썰어 넣으면 맛이 더 좋아져요.

> 무말랭이로 장아찌를 만들어도 맛있어요. 무말랭이를 미지근한 물에 불려서 물기를 꼭 짠 다음, 팔팔 끓여서 식힌 간장물을 부어 저장하면 됩니다. 먹을 때 참기름과 통깨를 넣어 무쳐 먹으면 맛있어요.

재료 (3~4회분)

무말랭이 200g

볶음 양념

식용유 4큰술
간장 1/2컵
설탕 2큰술
다진 마늘 2작은술
청주 2큰술
물 1½컵

붉은 고추 2개
물엿 1큰술

1. **무말랭이 불리기** 무말랭이는 부드럽게 불린 뒤 물기를 짠다.

2. **무말랭이 볶기** 냄비에 볶음 양념 재료를 모두 넣고 물기 짠 무말랭이를 넣어 고루 섞은 다음 불에 올려 볶는다. 국물이 바특해지고 무말랭이에 간장색이 돌 때까지 볶는다.

3. **다진 고추 넣기** 다진 붉은 고추와 물엿을 넣는다. 붉은 고추 대신 청양고추를 다져서 넣으면 매콤한 맛을 즐길 수 있다.

4. **담아 내기** 한 번 먹을 분량을 접시에 담는다. 남은 것은 밀폐용기에 담아 냉장고에 둔다. 10일 정도 냉장고에 두고 먹을 수 있다.

단무지무침

냉장고에 남은 단무지가 있다면 버리지 말고 새콤달콤한 무침을 만들어보세요. 고춧가루나 고추기름을 더해 매콤함을 살리면 간단하고 맛있는 밑반찬이 완성돼요.

무짠지를 같은 방법으로 무쳐도 좋아요. 나박나박 썰어서 물에 담가 짠맛을 뺀 다음 물기를 꼭 짜서 식초, 설탕, 깨소금, 참기름으로 무치면 맛있어요.

재료 (4~5회분)

단무지 200g
대파 1/2대
고추기름 1큰술
참기름·깨소금 조금씩

1 **단무지·대파 썰기** 단무지는 얇게 저며 썰어 물에 한 번 헹군 뒤 물기를 꼭 짠다. 대파는 반 갈라 어슷하게 썬다.

2 **고추기름에 버무리기** 절인 단무지와 대파를 섞은 뒤 고추기름으로 버무린다.

3 **담아 내기** 밀폐용기에 담아 냉장고에 두었다가 먹을 때 참기름, 깨소금으로 무친다. 남은 단무지무침은 밀폐용기에 넣으면 5일 정도 냉장고에 두고 먹을 수 있다.

신김치무침

신김치를 활용한 밑반찬이에요. 김치가 너무 시어져서 먹기 힘들면 물에 헹궈서 새콤달콤하게 무쳐보세요. 밑반찬으로도 내도 좋고 잔치국수나 도토리묵에 곁들여도 잘 어울려요.

신김치의 물기를 쫙 빼고 감칠맛 나는 양념으로 버무려 만들었어요. 새콤하고 아삭한 맛 때문에 밥과 면 어디에 곁들여도 잘 어울리는 밑반찬이 돼요.

재료 (4~5회분)

신김치 400g

무침 양념

설탕 1큰술
고춧가루 2작은술
다진 마늘 2작은술
깨소금 4작은술
참기름 1큰술

1 **신김치 썰기** 신김치는 속을 털어내고 찬물에 헹군 뒤 물기를 꼭 짜서 2cm 크기로 썬다.

2 **무침 양념 만들기** 재료를 모두 섞어 무침 양념을 만들어둔다.

3 **양념에 버무리기** 넓은 그릇에 김치를 담고 무침 양념을 넣어 조물조물 버무린다.

4 **담아 내기** 접시에 담고. 남은 반찬은 밀폐용기에 담아 7일 정도 냉장고에 두고 먹을 수 있다.

장아찌와 피클

짭조름한 맛이 자꾸 손이 가게 만드는 장아찌는 우리 식탁에 없어서는 안 될 기본 밑반찬이에요. 한번 만들어두면 일 년 내내 상차림 걱정을 확 줄여주는 일등공신 밑반찬, 장아찌. 직접 담가 짠맛은 줄이되 맛은 변하지 않게 만들어볼까요?

CHAPTER. 4

더덕장아찌

더덕은 아작아작 씹히는 맛이 좋은 데다 쌉쌀해서 입맛 돌게 하는 반찬이에요. 보통 고추장 양념장에 재두었다가 구워 먹지만 간간하게 장아찌를 담그면 더 오래 보존할 수 있어요.

재료 (10~12회분)

더덕 400g
고추장 1½컵

1 **더덕 손질하기** 더덕은 끓는 물에 담갔다가 건져 껍질을 벗긴다. 굵은 것은 반으로 갈라 면포에 싸서 방망이로 부드럽게 두들긴다. 너무 세게 두들기면 뚝뚝 부러질 수 있으니 조심한다.

2 **결대로 찢기** 부드럽게 만든 더덕을 좀 더 가늘게 결대로 찢는다.

3 **고추장에 버무리기** 손질한 더덕에 고추장을 넣고 버무린다.

4 **보관하기** 실온에서 3일 정도 삭힌 뒤 접시에 담고 실파와 통깨를 뿌린다. 냉장고에 일주일 두고 먹을 수 있다.

쿠킹팁! 끓는 물에 데치면 껍질이 잘 벗겨져요
더덕의 껍질을 벗길 때는 끓는 물에 살짝 데쳐보세요. 껍질이 아주 잘 벗겨져요. 방망이로 두들길 때는 잘못하면 결이 끊어질 수 있으니 면포에 싸서 조심스럽게 자근자근 두드려야 합니다.

두릅고추장장아찌

까슬까슬하면서 향이 좋은 두릅은 봄을 알리는 식재료입니다. 데쳐서 초고추장에 찍어 먹으면 잃었던 입맛을 살려주죠. 고추장에 버무려 장아찌를 만들어 먹어도 좋아요.

재료 (10~12회분)

두릅 500g
소금 3큰술
물 4컵
고추장 1컵

1 **두릅 손질하기** 두릅은 밑동을 넉넉히 잘라내고 소금물에 담가 절인다.

2 **물기 빼기** 1~2시간 정도 담가 충분히 절여지면 건져서 물기를 뺀다.

3 **고추장에 버무리기** 두릅에 고추장을 넣고 고루 버무린다.

4 **보관하기** 실온에서 하루 정도 삭힌 뒤 냉장고에 넣어둔다. 20일 정도 냉장 보관할 수 있다.

쿠킹팁! 두릅은 간이 잘 배니 삼삼하게 만들어요
두릅은 두릅나무의 새순을 가리켜요. 두릅을 고추장에 버무려 장아찌를 만들어 먹기도 하는데, 뿌리채소 장아찌와 달리 연해서 간이 잘 배어들어요. 보존 기간은 길지만 오래 두면 짜지니 1~2주 정도 분량만 만들어 먹는 게 좋아요.

매실장아찌와 매실장아찌무침

6월 초 매실이 제철일 때 매실청을 담가두면 두고두고 요긴하게 쓰여요. 물에 타서 음료수로 마셔도 좋고, 소주를 부어 술을 담가도 좋고, 고추장에 박아서 장아찌를 만들어도 좋아요.

재료 (20~30회분)

매실 1kg
설탕 1kg

매실장아찌

1. **매실 손질하기** 매실은 씻어 물기를 완전히 뺀 뒤 씨를 발라내고 과육만 준비한다.

2. **설탕에 재기** 유리병에 매실을 넣고 설탕을 켜켜이 뿌린다.

3. **보관하기** 100일 정도 서늘한 곳에 두어 숙성시킨 뒤 냉장고에 보관한다.

재료 (10~12회분)

매실장아찌 1컵
고추장 2큰술
물엿 2큰술

매실장아찌고추장무침

1. **양념 만들기** 고추장과 물엿을 같은 비율로 섞는다. 통깨나 다진 실파 등을 더 넣어도 좋다.

2. **매실장아찌 넣어 버무리기** 고추장 양념에 매실장아찌를 넣어 간이 배어들게 버무린다.

3. **보관하기** 냉장고에 10일 이상 두고 먹을 수 있다.

쿠킹팁! 주방의 팔방미인, 매실청

매실청은 쓰임이 다양해요. 물을 타면 음료수가 되고 생선요리나 고기요리에 넣으면 냄새를 잡아주는 조미술 역할을 하죠. 양념장을 만들 때도 물엿 대신 매실청을 넣으면 더 감칠맛이 납니다.

우엉미소된장장아찌

우엉은 식이섬유가 많이 들어있고 칼륨이 풍부한 뿌리채소에요. 보통 채 썰거나 어슷하게 썰어서 간장조림을 하지만, 된장에 절여 장아찌를 담그면 별미 밑반찬이 됩니다.

재료 (15회분)

우엉 400g
식초 1큰술
미소된장 1컵

1 **우엉 썰기** 우엉은 필러로 껍질을 벗긴 뒤 연필 깎듯이 돌려가며 삐져 썬다.

2 **우엉 삶기** 끓는 물에 식초를 조금 넣고 우엉을 삶아 건진 뒤 물기를 뺀다.

3 **된장에 버무리기** 물기 뺀 우엉에 된장을 넣고 고루 섞는다.

4 **보관하기** 실온에서 이틀 정도 삭힌 뒤 냉장고에 넣으면 1~2개월 정도 보관할 수 있다.

쿠킹팁! 간을 약하게 하려면 미소된장을 써보세요
간을 조금 삼삼하게 하려면 재래된장 대신 미소된장을 사용해보세요. 미소된장은 재래된장에 비해 간이 약하고 단맛이 있어 바로 먹기에 좋아요.

무된장장아찌와 무장아찌무침

무를 된장에 박으면 된장장아찌, 간장에 담그면 간장장아찌가 돼요. 간간하게 맛이 든 장아찌를 썰어서 참기름, 깨소금으로 무치면 찬밥에 물만 말아 먹어도 맛있어요.

재료 (20회분)

무 5개
된장 5컵

무된장장아찌

1. **무 썰기**   무는 수세미로 문질러 깨끗이 씻은 뒤 길게 4등분한다. 썬 무는 채반에 널어 3~4일 정도 바람에 꾸덕꾸덕하게 말린다.

2. **된장에 박기**   항아리나 밀폐용기에 된장을 얄팍하게 바르고 무를 담은 뒤 다시 된장을 얹는다. 윗부분에 된장을 넉넉히 발라 무가 보이지 않게 한 다음 넉 달 정도 바람이 잘 통하고 서늘한 곳에 보관한다.

3. **썰어서 양념하기**   무장아찌를 꺼내 겉에 묻은 된장을 훑어낸 뒤 먹기 좋은 크기로 그릇에 담는다.

4. **보관하기**   냉장고에 3~4개월 두고 먹을 수 있다.

재료 (6~7회분)

무장아찌 1토막
참기름 2작은술
다진 마늘 1작은술
통깨 1작은술
물엿 1/2큰술

무장아찌무침

1. **무장아찌 채 썰기**   무장아찌는 된장을 훑어내고 흐르는 물에 씻어 물기를 충분히 뺀 뒤 곱게 채 썬다.

2. **양념 만들기**   참기름, 다진 마늘, 통깨를 고루 섞어 양념을 만든다.

3. **무장아찌 넣어 버무리기**   채 썬 무에 장아찌 양념을 넣고 고루 버무린 뒤 마지막에 물엿을 넣어 윤기를 낸다.

4. **보관하기**   냉장고에 1주일 정도 두고 먹을 수 있다.

쿠킹팁! 장을 덜어서 장아찌를 만들어요

장아찌를 박았던 된장은 버리지 말고 다른 음식 만들 때 이용하세요. 찌개나 국에 넣으면 맛이 달라질 수 있으니 무침이나 조림에 넣는 것이 좋아요. 그러고도 남은 된장은 한 번 끓여 식혀서 냉장고에 보관하세요.

연근초절임

연근은 아삭하게 씹히는 맛이 매력이에요. 조림으로 많이 먹지만 새콤달콤하게 담근 장아찌는 별미로 즐기기에 좋아요. 연근에 간장색이 고루 배어들면 먹기 좋은 상태입니다.

재료 (10~12회분)

연근 400g
식초 1큰술

절임물

간장 2/3컵
물 2컵
식초 1/3컵
설탕 1/3컵

1 **연근 손질하기** 연근은 껍질을 벗기고 큼직하게 썬다.

2 **끓는 물에 데치기** 끓는 물에 식초 1큰술을 떨어뜨리고 연근을 넣어 5분 정도 삶듯이 데쳐서 건진 다음 물기를 충분히 뺀다.

3 **장물 끓이기** 냄비에 간장과 물, 식초, 설탕을 넣고 한소끔 팔팔 끓여 식힌다.

4 **연근에 장물 붓기** 데친 연근에 끓여 식힌 장물을 붓고 실온에서 3일 정도 삭힌다.

5 **보관하기** 냉장고에 두면 1~2개월 정도 보관할 수 있다.

쿠킹팁! 좋은 연근 고르기

연근을 고를 때는 몸통이 쭉 고르며, 너무 가늘지도 너무 굵지도 않은 것을 골라야 해요. 손질할 때는 필러로 껍질을 벗긴 다음 구멍 사이사이에 수돗물을 흘려보내 깨끗이 씻는 게 좋아요.

양파 장아찌

간장, 식초, 설탕을 배합해 끓인 장물에 양파를 삭혀 장아찌를 만들어보세요. 밥반찬으로도 좋지만 고기요리와 함께 먹으면 입맛이 개운해요. 소화도 잘 되게 도와주는 건강 장아찌랍니다.

재료 (14~15회분)

알이 작은 양파 15개
물 2컵
간장 1/2컵
식초 1/2컵
설탕 1/2컵
청양고추 5개

1 **양파 손질하기** 양파는 알이 작은 것으로 준비해 껍질을 말끔히 벗겨 씻은 뒤 물기를 뺀다.

2 **적당한 크기로 자르기** 손질한 양파는 작은 것은 통째로, 큰 것은 2~4등분으로 자른다.

3 **장물 끓이기** 물과 간장, 식초, 설탕을 분량대로 배합해 마른 고추와 함께 팔팔 끓여 식힌다.

4 **양파에 간장물 붓기** 양파에 간장물을 붓고 실온에서 3일 정도 삭힌 뒤 장물만 다시 끓여서 식혀 붓는다.

5 **보관하기** 냉장고에 1~2개월 정도 보관할 수 있다.

쿠킹팁! 단단한 양파로 장아찌를 담가요

단단하면서 단맛이 좋은 양파가 장아찌를 담그기에 좋아요. 일반 양파 중에서는 알이 조금 작은 것으로 하면 되는데, 물이 많은 것보다는 단단해서 저장성이 좋은 양파를 고르는 것이 좋아요.

깻잎된장장아찌

깻잎에 양념한 된장을 발라 켜켜이 재어서 즉석 장아찌로 즐길 수 있어요. 된장에 물엿과 멸칫국물을 섞은 뒤 깻잎에 발라 반나절 정도 실온에서 숙성시키면 그대로 먹을 수 있는 간단한 장아찌가 됩니다

오래 두고 먹으려면 된장과 물엿만 조금 섞어서 바르면 됩니다. 된장을 바를 때는 한 장씩 바르지 않고 3~4장을 겹쳐서 발라도 며칠만 재두면 간이 다 배서 맛이 들어요.

재료 (15회분)

깻잎 100장
된장 1컵
물엿 3큰술
멸치국물 5큰술

1 **깻잎 손질하기** 깻잎은 흐르는 물에 씻어 채반에 널어 물기를 뺀다. 물기가 빠지면 3~4장씩 겹쳐놓는다.

2 **된장 양념하기** 된장에 물엿과 멸칫국물을 넣어 조금 묽게 양념한다.

3 **깻잎에 된장 바르기** 깻잎을 3~4장씩 겹쳐 들고 된장을 조금씩 덜어 바른다. 밀폐용기에 차곡차곡 담는다.

4 **보관하기** 실온에서 하루 정도 삭힌 뒤 냉장고에 보관하면 1~2개월 정도 먹을 수 있다.

마늘간장장아찌

간장, 식초, 설탕을 팔팔 끓인 뒤 식혀서 부어 만든 장아찌예요. 마늘장아찌는 알이 너무 굵은 것보다는 적당한 크기로 해야 간이 잘 뱁니다. 반찬으로도 좋고 고기에 곁들여도 좋아요.

> 통마늘은 다른 장아찌에 비해 잘 삭지 않기 때문에 단촛물을 붓기 전 먼저 소금물이나 식촛물에 일주일 정도 담가 삭혀야 해요. 담근 지 한 달쯤 되었을 때 간장물을 팔팔 끓여 식혀서 다시 부어야 오래 두어도 맛이 변하지 않아요.

재료 (10~12회분)

통마늘 10통
굵은 소금 1컵
물 6컵

단촛물

식초 5컵
물 5컵
설탕 3컵
간장 2컵
소금 2큰술

1 **마늘 삭히기** 마늘의 겉껍질은 벗기고 속껍질은 조금만 남긴 상태로 손질해 물과 소금을 6:1로 섞은 소금물에 1주일 정도 삭힌다.

2 **단촛물 끓이기** 냄비에 단촛물 재료를 모두 넣고 팔팔 끓여 차게 식힌다.

3 **마늘에 단촛물 붓기** 삭힌 마늘을 병에 담고 단촛물을 잠기도록 붓는다.

4 **끓여서 병에 붓기** 일주일쯤 지나 국물을 냄비에 따라 붓고 팔팔 끓여서 완전히 식힌 다음 다시 병에 붓는다. 한 달쯤 지나 마늘이 잘 삭으면 껍질을 벗겨 상에 담아낸다.

5 **보관하기** 냉장고에 2~3개월 보관할 수 있다.

마늘종간장장아찌

마늘종은 아삭하면서 맵싸한 맛이 돌아 입맛 돋우는 데 그만이죠. 고추장이나 간장 어느 것으로 담가도 잘 어울리고 저장성도 좋아 갈무리만 잘 하면 반찬 걱정, 반은 덜 수 있어요.

마늘종을 간장에 담가 실온에만 두어도 마늘종 특유의 매운맛이 약해지고 간장 맛이 배어들어 아삭하고 맛있어요. 담근 지 한 달쯤 되었을 때 간장물을 팔팔 끓여 식혀서 다시 부으면 보존기간이 길어져요.

재료 (20회분)

마늘종 300g
간장 1컵

1 **마늘종 손질하기** 마늘종은 가는 끝부분은 잘라내고 깨끗이 씻어 건져서 물기를 뺀다.

2 **4cm로 자르기** 마늘종의 물기를 완전히 닦은 뒤 4cm 길이로 자른다.

3 **마늘종에 간장 붓기** 밀폐용기에 마늘종을 담고 마늘종이 잠기도록 간장을 붓는다.

4 **보관하기** 하루 정도 실온에 두었다가 냉장고에 보관한다. 냉장고에서 2~3개월 정도 보관할 수 있다.

마늘종고추장장아찌

마늘종을 소금물에 삭힌 다음 고추장으로 버무려 익힌 장아찌에요. 고추장 맛이 잘 밴 마늘종장아찌를 그냥 먹어도 좋고 참기름, 깨소금으로 양념해도 좋아요.

긴 마늘종을 돌돌 말아 고추장에 박아두고 1년 정도 있다가 꺼내 먹어도 돼요. 마늘종장아찌를 조금씩 꺼내 참기름, 깨소금으로 무치면 더 맛있어요.

재료 (20회분)

마늘종 300g
소금 1컵
물 10컵
고추장 5컵

1. **마늘종 손질하기** 마늘종은 가는 끝부분은 잘라내고 깨끗이 씻어 건져서 물기를 뺀 다음 4cm 길이로 자른다.

2. **소금물에 삭히기** 물과 소금을 10:1의 비율로 섞은 소금물에 2~3일 정도 담가 삭힌다.

3. **고추장에 버무리기** 마늘종을 꺼내 찬물에 헹구고 물기를 닦은 뒤 고추장 3컵으로 마늘종을 버무린다.

4. **보관하기** 고추장에 버무린 마늘종장아찌를 밀폐용기에 담고 나머지 고추장 2컵으로 그 위를 덮은 뒤 냉장고에 보관하면 2~3개월 먹을 수 있다.

풋고추간장장아찌

풋고추에 새콤달콤한 간장물을 부어 익힌 풋고추장아찌는 짭조름한 맛과 새콤달콤한 맛이 잘 어우러진 밑반찬이에요. 살이 두텁고 단단한 고추로 장아찌를 담가야 더욱 맛있어요.

> 씻어서 군데군데 구멍을 낸 풋고추를 옅은 식촛물에 일주일 정도 삭힌 다음에 장아찌를 담그는 방법도 있어요. 한 번 삭힌 고추로 장아찌를 담그면 단촛물을 다시 걸러 끓이지 않아도 됩니다.

재료 (10~12회분)

풋고추 200g
식초 2컵
물 1컵
간장 1½컵
설탕 1/2컵
소금 1큰술

1 **풋고추 준비하기** 풋고추를 꼭지째 씻어 물기를 닦고 꼬치로 군데군데 찔러 넣어 구멍을 낸다.

2 **단촛물 만들기** 냄비에 간장과 소금, 설탕, 물을 넣어 끓이다가 식초를 넣고 한소끔 끓여 식힌다.

3 **병에 넣어 삭히기** 풋고추를 밀폐용기에 담고 단촛물을 부어 2주일 정도 삭힌다.

4 **보관하기** 2주일 정도 지나 맛이 들면 꺼내 먹는다. 한 달 정도 지나면 국물만 따라 붓고 끓여서 식힌 다음 다시 붓는다. 냉장고에서 2~3개월 보관할 수 있다.

풋고추된장장아찌

송송 썬 풋고추를 된장으로 버무린 즉석 장아찌예요. 풋고추는 소금물에 절이거나 끓는 물에 잠깐 담갔다 건져 물기를 뺀 뒤 된장에 무쳐야 나중에 물이 생기지 않고 깔끔해요.

된장으로 양념한 고추장아찌는 그대로 먹어도 되지만 하루 정도 실온에서 숙성시켜 냉장고에 넣으면 더 맛있어요. 송송 썰지 않고 통째 된장에 버무려도 좋은데, 이때 꼬치로 고추에 구멍을 내면 맛이 잘 배어들어요.

재료 (10~12회분)

풋고추 200g
된장 1/2컵
통깨 (들깨) 3큰술
물엿 2큰술

1 **풋고추 데치기** 풋고추는 꼭지를 떼고 깨끗이 씻은 뒤 끓는 물에 잠깐 담갔다가 건진다.

2 **풋고추 썰기** 손질한 풋고추는 물기를 닦고 송송 썬다.

3 **된장 양념하기** 된장에 물엿을 넣고 잘 섞은 뒤 송송 썬 풋고추를 넣어 고루 버무린다. 접시에 담고 통깨 또는 들깨를 조금 뿌린다.

4 **보관하기** 나머지는 밀폐용기에 담아 냉장고에 보관하면 1개월 정도 먹을 수 있다.

오이지무침

소금물에 절인 오이지는 깔끔하고 아작아작 씹는 맛이 좋아요. 얇게 썰어 찬물을 부어 먹어도 좋고, 물기를 꼭 짜 새콤달콤하게 양념하면 여름철 입맛 돋우는 반찬이 되지요.

오이지를 담글 때 소금물은 반드시 끓여서 식혀 붓고, 오이가 푹 잠기도록 무거운 돌이나 누름뚜껑으로 눌러줘야 합니다. 그렇지 않으면 하얗게 곰팡이가 필 수가 있어요. 오이지무침을 할 때는 물기를 꼭 짜야 꼬들꼬들하고 아작아작 씹는 맛이 좋아요.

재료 (4~5회분)

오이지 2개

무침 양념

고춧가루 1/2큰술
설탕 1/2큰술
다진 파 1큰술
다진 마늘 1작은술
참기름 2작은술
깨소금 1작은술

1 **오이지 썰기** 오이지는 동글납작하게 저며 썬다. 짠맛이 강하면 물에 담가 짠맛을 뺀다.

2 **물기 짜기** 짠맛을 뺀 오이지는 면포에 싸 물기를 꼭 짠다.

3 **오이지 무치기** 무침 양념 재료를 섞은 뒤 오이지를 넣고 조물조물 무친다.

4 **보관하기** 냉장고에 일주일 정도 두고 먹을 수 있다.

오이피클

피클은 피자나 스파게티뿐만 아니라 고기반찬에도 잘 어울려요. 한식 상차림에 장아찌 대신 피클을 내보세요. 아삭아삭 새콤달콤한 피클은 생각만 해도 입에 침이 고여요.

피클은 담근 지 하루만 지나도 맛이 제법 나기 때문에 한꺼번에 너무 많이 담글 필요가 없어요. 1주일이나 2주일 안에 먹을 수 있는 양만 만들어 먹으면 좋아요. 피클 스파이스는 정향, 통후추 등 피클에 들어가는 향신료를 모아놓은 제품으로 마트에서 쉽게 구할 수 있어요.

재료 (5~6회분)

오이 5개
소금 3큰술

절임물

물 3컵
식초 1컵
설탕 1컵
피클 스파이스 1큰술
소금 1큰술

1 **오이 썰기** 오이는 소금으로 문질러 씻은 뒤 물에 헹구어 씻고 물기를 뺀다. 물기가 완전히 빠지면 1.5cm 굵기로 토막 낸다.

2 **절임물 끓이기** 냄비에 물과 식초, 설탕, 피클 스파이스, 소금을 넣고 한소끔 팔팔 끓여 식힌다.

3 **오이에 절임물 붓기** 밀폐용기에 오이를 담고 끓여서 식힌 절임물을 부어 실온에 하루 정도 둔다.

4 **보관하기** 하루 지나 냉장고에 보관한다. 냉장고에서 2주일 정도 보관할 수 있다.

무 피클

무는 일상 반찬의 부재료로는 물론이고 김치, 장아찌, 피클 등 다양한 저장 음식 재료로도 환영받아요.
무로 피클을 담그면 새콤달콤하면서 씹는 맛이 좋고 소화까지 잘 된답니다.

재료 (10~12회분)

무 1kg(큰 것 1개 정도)
청양고추 3개
붉은 고추 2개

절임물

물 3컵
설탕 1컵
식초 1컵
소금 2큰술
피클 스파이스 1큰술

1 **무 썰기** 무는 단단한 것으로 준비해 수세미로 문질러 깨끗이 씻은 뒤 큼직하게 삐져 썬다.

2 **고추 썰기** 고추는 꼭지를 따고 깨끗이 씻은 뒤 어슷하게 썬다.

3 **절임물 끓이기** 냄비에 물과 설탕, 식초, 소금, 피클 스파이스를 넣고 한소끔 팔팔 끓여 식힌다.

4 **무에 절임물 붓기** 무와 고추에 끓여서 식힌 절임물을 부어 실온에서 하루 정도 삭힌다.

5 **보관하기** 하루 지나 냉장고에 넣는다. 냉장고에 1개월 정도 보관할 수 있다.

쿠킹팁 ! 껍질을 깎아버리지 마세요

무로 피클이나 장아찌, 깍두기 등을 담글 때는 껍질을 깎아버리지 말고 그대로 이용하세요. 수세미로 문질러 씻고, 흙이 쏙쏙 들어간 곳은 칼로 도려내면 됩니다. 무 껍질에는 속보다 훨씬 많은 비타민과 칼륨, 식이섬유가 들어 있기 때문에 그대로 이용하는 것이 좋아요.

양배추피클

양배추에는 위에 좋은 것으로 알려진 비타민 U가 풍부한 반면 특유의 향이 있어요. 양배추로 피클을 담그면 새콤달콤한 맛이 나서 향 때문에 양배추를 싫어하는 사람도 맛있게 먹을 수 있어요.

재료 (10~12회분)

양배추 500g
붉은 양배추 200g

절임물
물 3컵
식초 1컵
설탕 1컵
피클 스파이스 1큰술
소금 1큰술

1 **양배추 썰기** 양배추는 한 잎씩 떼어 먹기 좋은 크기로 네모지게 썬다.

2 **절임물 끓이기** 냄비에 물과 식초, 설탕, 피클 스파이스, 소금을 넣고 한소끔 팔팔 끓여 식힌다.

3 **양배추에 절임물 붓기** 양배추에 끓여서 식힌 절임물을 부어 하루 정도 실온에 둔다.

5 **보관하기** 하루 지나 냉장고에 넣는다. 냉장고에 1개월 정도 보관할 수 있다.

쿠킹팁! 붉은색 양배추는 색이 예쁜 피클을 만들어줘요.
양배추로 피클을 담글 때 붉은색 양배추도 함께 넣으면 피클의 색이 더 예뻐져요. 양배추는 잎이 두꺼워 피클로 담가놓아도 다른 잎채소와 달리 모양과 색이 살아있어요.

찾아보기

가나다순

ㄱ
간장게장 64
간장새우장 68
간장어묵볶음 82
감자조림 90
고추부각 113
고추장어묵볶음 82
고춧가루어묵볶음 82
굴젓무침 73
김무침 76
깻잎된장장아찌 134
깻잎볶음 107
깻잎찜 106
꽁치조림 48
꽃게무침 66
꽈리고추멸치조림 110

ㄷ
다시마튀각 78
단무지무침 116
닭고추장조림 26
닭봉조림 28
더덕구이 98
더덕장아찌 120
돼지고기장조림 22
두릅고추장장아찌 122
두부조림 96
등갈비강정 24
땅콩조림 94

ㅁ
마늘간장장아찌 135
마늘종간장장아찌 136
마늘종고추장장아찌 137
마늘종새우볶음 109
마늘종조림 108
마른새우볶음 60
마른조갯살조림 70
마른표고버섯들깨볶음 102
마른홍합살조림 70

매실장아찌 124
매실장아찌무침 124
메추리알장조림 36
무된장장아찌 128
무말랭이무침 114
무말랭이볶음 115
무오징어무침 56
무장아찌무침 128
무피클 142
미역자반 80
미역줄기볶음 74

ㅂ
반숙달걀장조림 34
뱅어포고추장구이 62
뱅어포볶음 62
북어찜 42
북어포고추장무침 44
북어포양념구이 40

ㅅ
새송이버섯간장조림 100
쇠고기장조림 20
시래기된장볶음 104
신김치무침 117

ㅇ
알감자조림 92
약고추장 32
양미리조림 50
양배추피클 144
양파장아찌 132
연근조림 86
연근초절임 130
오이지무침 140
오이피클 141
오징어간장조림 52
오징어젓무침 72
오징어채간장볶음 54
오징어채고추장볶음 54
우엉미소된장아찌 126
우엉조림 88

ㅈ
잔멸치볶음 57
장똑똑이 30
중멸치고추장볶음 58

ㅋ
코다리조림 46
콩자반 94

ㅍ
풋고추간장장아찌 138
풋고추된장장아찌 139
풋고추찜 112

조리별

조림
감자조림 90
꽁치조림 48
꽈리고추멸치조림 110
닭고추장조림 26
닭봉조림 28
돼지고기장조림 22
두부조림 96
땅콩조림 94
마늘종조림 108
마른조갯살조림 70
마른홍합살조림 70
메추리알장조림 36
새송이버섯간장조림 100
쇠고기장조림 20
알감자조림 92
양미리조림 50
연근조림 86
오징어간장조림 52
우엉조림 88
장똑똑이 30
코다리조림 46
콩자반 94

찜
북어찜 42
풋고추찜 112

볶음
간장어묵볶음 82
고추장어묵볶음 82
고춧가루어묵볶음 82
깻잎볶음 107
마늘종새우볶음 109
마른새우볶음 60
마른표고버섯들깨볶음 102
무말랭이볶음 115
미역자반 80
미역줄기볶음 74
뱅어포볶음 62
시래기된장볶음 104
약고추장 32
오징어채간장볶음 54
오징어채고추장볶음 54
잔멸치볶음 57
중멸치고추장볶음 58

구이
더덕구이 98
뱅어포고추장구이 62
북어포양념구이 40

무침
굴젓무침 73
김무침 76
꽃게무침 66
단무지무침 116
매실장아찌무침 124
무말랭이무침 114
무오징어무침 35
무장아찌무침 128
북어포고추장무침 44
신김치무침 117
오이지무침 140
오징어젓무침 72

튀김
고추부각 113
다시마튀각 78
등갈비강정 24

절임
간장게장 64
간장새우장 68
깻잎된장장아찌 134
더덕장아찌 120
두릅고추장장아찌 122
마늘간장장아찌 135
마늘종간장장아찌 136
마늘종고추장장아찌 137
매실장아찌 124
무된장장아찌 128
무피클 142
양배추피클 144
양파장아찌 132
연근초절임 130
오이피클 141
우엉미소된장장아찌 126
풋고추간장장아찌 138
풋고추된장장아찌 139

재료별
감자 90, 92
굴 73
김 76
김치 117
깻잎 106, 107
꽁치 48
꽃게 64, 66
꽈리고추 110
다시마 78
단무지 116
달걀 34
닭 26, 28
더덕 98, 120

돼지고기 22, 24
두릅 122
두부 96
땅콩 94
마늘 135
마늘종 108, 109, 136, 137
매실 124
메추리알 36
멸치 57, 58
무 56, 142
무말랭이 114, 115
미역 74, 80
뱅어포 62
북어 40, 42, 44
새송이버섯 100
새우 60, 68, 109
쇠고기 20, 30, 32
시래기 104
양미리 50
양배추 144
양파 132
어묵 82
연근 86, 130
오이 140, 141
오징어 52, 54, 56, 72
우엉 88, 126
조개 70
코다리 46
콩 94
표고버섯 102
풋고추 112, 113, 138, 139
홍합 70

리스컴이 펴낸 책들

• 요리

우리집에 꼭 필요한 생활요리 대백과
한복선의 우리 음식
신세대 주부들도 쉽게 따라 할 수 있는 한국 전통음식 교과서. 가정요리, 명절음식, 궁중음식, 향토음식, 건강요리, 김치·장아찌 등 기본에 충실하면서도 실용적인 요리가 가득 담겨 있다.

한복선 지음 | 304쪽 | 210×255mm | 15,000원

기초부터 응용까지 이 책 한권이면 끝!
한복선의 친절한 요리책
요리 초보자를 위해 대한민국 최고의 요리전문가 한복선 선생님이 나섰다. 칼 잡는 법부터 재료 손질, 맛내기까지 친정엄마처럼 꼼꼼하고 친절하게 알려주는 이 책에는 국, 찌개, 반찬, 한 그릇 요리 등 대표 가정요리 221가지 레시피가 들어있다.

한복선 지음 | 308쪽 | 188×254mm | 15,000원

지금 바로 쉽게 따라 할 수 있는 레시피
오늘요리
이것저것 갖춰 먹기 쉽지 않은 바쁜 현대인들을 위한 요리책. 각종 미디어에 레시피를 제공하고 요리 칼럼을 연재한 저자가 실생활에서 자주 해 먹는 요리들을 담아내 더욱 믿음이 간다. 간단하고 실용적인 레시피로 매 끼니 힘들이지 않고 식탁을 차려보자.

김경미 지음 | 216쪽 | 188×245mm | 13,000원

내 몸에 약이 되는 우리 음식
우리몸엔 죽이 좋다
맛있고 몸에 좋은 건강죽을 담은 책. 우리 음식의 대가 한복선 요리연구가가 오랜 노하우를 담아 전통 죽은 물론, 현대인에게 필요한 영양죽, 약재를 넣어 건강을 되찾아주는 약죽 등을 소개한다. 이 책과 함께라면 죽 전문점보다 더 맛있게 영양만점 죽을 끓일 수 있다.

한복선 지음 | 152쪽 | 210×265mm | 12,000원

우리 식탁엔 우리 음식
일주일 밑반찬 사계절 장아찌
주부들의 매일매일 밥상 차리기 고민을 덜어주는 밑반찬 요리책. 장조림, 마른반찬, 깻잎장아찌 등 대표 밑반찬과 슬로푸드 장아찌, 새콤달콤한 피클, 입맛 살리는 젓갈 75가지가 담겨 있다. 만들기 쉽고, 전통의 맛을 살린 레시피를 제안해 누구나 쉽게 만들 수 있다.

최승주 지음 | 144쪽 | 210×265mm | 9,800원

빠르고 간단하게, 영양 많고 맛있게
Everyday 달걀
누구나 쉽게 만들어 건강하게 즐기는 달걀 레시피. 밥반찬부터 일품요리, 샐러드, 디저트, 음료까지 다양한 달걀요리를 담았다. 완전식품 달걀을 준비해 간단한 아침식사로, 건강을 위한 웰빙식으로, 날씬한 몸매를 가꾸는 다이어트식으로, 후다닥 준비하는 간식으로 멋지게 즐겨보자.

손성희 지음 | 136쪽 | 190×245mm | 10,000원

5천만의 외식 메뉴
양향자의 중국요리
가족 외식으로, 손님상 요리로 최고인 중국요리를 집에서 쉽고 맛있게 즐길 수 있도록 돕는 요리책. 아이들 좋아하는 짜장면과 탕수육은 물론 손님상 요리, 면 요리와 밥 요리, 후식과 간식. 중국 가정식, 퓨전 중국요리까지 다양한 요리가 가득하다.

양향자 지음 | 200쪽 | 210×275mm | 13,000원

롤 전문 레스토랑 셰프들의 비법 따라잡기
캘리포니아 롤 & 스시
김밥이나 주먹밥을 만드는 것처럼 롤과 스시도 집에서 손쉽게 만들 수 있도록 전문점 셰프들의 비법을 그대로 공개했다. 재료와 소스의 조합에 따라 다양한 스타일을 즐길 수 있다. 기본 롤부터 스페셜 롤, 전문점의 롤과 스시까지 다양한 레시피 56가지를 담았다.

리스컴 편집부 | 152쪽 | 190×245mm | 12,000원

간편한 도시락은 다 모였다!
김밥·주먹밥·샌드위치
만들기 쉽고, 먹기 편한 도시락 메뉴 78가지를 소개한 책. 김밥, 주먹밥, 초밥, 캘리포니아 롤, 샌드위치 등이 모두 들어있다. 밥 짓기, 양념하기, 김밥 말기, 배합초 버무리기 등 기초 테크닉도 꼼꼼하게 알려준다. 아이들 간식, 나들이 도시락으로 응용하기에 좋다.

최승주 지음 | 136쪽 | 180×230mm | 10,000원

가볍게 만들어 분위기 있게 즐기자
오늘은 샌드위치
초보자들도 쉽게 만들 수 있는 메뉴부터 전문점 못지않은 럭셔리한 종류까지 66가지의 다양한 샌드위치를 소개한 책. 기본 샌드위치, 스페셜 샌드위치, 토스트 & 핫 샌드위치, 버거 & 랩 샌드위치, 전문점 인기 샌드위치 등으로 파트를 나누어 입맛에 따라 선택할 수 있다.

안영숙 지음 | 128쪽 | 180×230mm | 10,000원

내 몸이 가벼워지는 시간
샐러드에 반하다

영양을 골고루 담은 한 끼 샐러드, 간편한 도시락 샐러드, 저칼로리 샐러드, 곁들이 샐러드 등 쉽고 맛있는 샐러드를 담았다. 칼로리를 조절할 수 있도록 총칼로리와 드레싱 칼로리를 함께 표시한 것이 특징이다. 45가지 드레싱도 알려준다.

장연정 지음 | 168쪽 | 250×256mm | 12,000원

로푸드 다이어트 레시피 103
로푸드 디톡스

로푸드는 체내의 독소를 제거하고 면역력을 높여줘 자연스럽게 다이어트까지 이어지도록 한다. 로푸드 레시피 103개와 주스 펄프 사용법, 활용도 만점 드레싱 등 플러스 레시피가 수록돼있어 로푸드가 낯선 사람도 어렵지 않게 시작할 수 있다.

이지연 지음 | 216쪽 | 20×265mm | 12,000원

내 몸을 건강하게 하는 1주일 디톡스 프로그램
프레시 주스 & 그린 스무디

신선한 과일과 채소로 만든 66가지 주스 레시피를 담은 책. 주스뿐만 아니라 재료의 영양이 살아있는 스무디, 원기를 충전해주는 부스터 샷까지 있어 건강과 맛을 동시에 챙길 수 있다. 누구나 따라 할 수 있는 그린 디톡스 플랜을 소개해 다이어트에 효과적이다.

편 그린 지음 | 이지은 옮김 | 164쪽 | 170×230mm | 12,000원

맛있고 몸에 좋은 카페 스타일 드링크
홈메이드 천연 음료

과일 주스에서부터 커피음료까지 다양한 음료 레시피를 담은 책. 첨가물 걱정 없는 진짜 100% 과일 채소 주스와 과일이 듬뿍 들어간 스무디, 맛있는 에이드, 아이들이 좋아하는 밀크셰이크와 초콜릿 음료, 차와 커피, 칵테일 등 107가지 다양한 음료를 만날 수 있다.

이지은 지음 | 136쪽 | 190×245mm | 9,800원

천연 효모가 살아있는 건강 빵
천연발효빵

맛있고 몸에 좋은 천연발효빵을 소개한 책. 홈 베이킹을 넘어 건강한 빵을 찾는 웰빙족을 위해 과일, 채소, 곡물 등으로 만드는 천연발효종 20가지와 천연발효종으로 굽는 건강빵 레시피 62가지를 담았다. 천연발효빵 만드는 과정이 한눈에 들어오도록 구성되었다.

고상진 지음 | 200쪽 | 210×275mm | 13,000원

바쁜 사람도, 초보자도 누구나 쉽게 만든다
무반죽 원 볼 베이킹

누구나 쉽게 맛있고 건강한 빵을 만들 수 있도록 돕는 책. 61가지 무반죽 레시피와 전문가의 Plus Tip을 담았다. 이제 힘든 반죽 과정 없이 볼과 주걱만 있어도 집에서 간편하게 빵을 구울 수 있다. 초보자에게도, 바쁜 사람에게도 안성맞춤이다.

고상진 지음 | 200쪽 | 188×245mm | 14,000원

미니오븐으로 시작하는
쿠키·빵·케이크

초보자를 위한 미니오븐 베이킹 레시피 50가지. 바삭한 쿠키와 담백한 스콘, 다양한 머핀과 파운드케이크, 폼 나는 케이크와 타르트, 누구나 좋아하는 인기 빵까지 모두 담겨 있다. 베이킹을 처음 시작하는 사람에게 안성맞춤이다.

고상진 지음 | 144쪽 | 210×256mm | 12,000원

재미있고 신나게 요리하며 공부해요
조물조물 뚝딱뚝딱 어린이 요리

생각을 키우고 오감을 발달시키며 요리에 대한 흥미를 키워주는 어린이 요리책. 과학, 수학, 미술, 영어 등과 연계한 45가지의 어린이 요리를 소개한다. 아동요리 지도사의 교재로, 엄마와 아이의 맞춤 요리책으로, 아이들의 창의력을 발달시키는 놀이도구로 안성맞춤이다.

이지은 지음 | 136쪽 | 210×275mm | 11,200원

최고의 브런치 카페에서 추천한 인기 메뉴 57가지
잇 스타일 브런치

대표 브런치 카페와 인기 브런치 레시피를 알려주는 카페 가이드북 겸 요리책. 브런치를 유행시킨 '수지스'를 비롯해 청담동의 맛집 '퀸즈파크', 유명 스타들의 단골 레스토랑 '다이닝텐트', 효자동의 '카페 고희' 등의 근사한 카페 브런치를 내 손으로 만들어볼 수 있다.

리스컴 편집부 | 180쪽 | 180×260mm | 11,000원

알면 알수록 특별한 술
와인 & 스피릿

포도 품종과 지역별 특징, 고르는 법, 라벨 읽는 법, 마시는 법까지 와인의 모든 것을 자세히 알려주는 지침서. 소믈리에가 추천한 100가지 와인 리스트는 초보자도 와인을 성공적으로 고를 수 있도록 도와준다. 비즈니스에서 빼놓을 수 없는 양주에 대해서도 알려준다.

김일호 지음 | 216쪽 | 152×225mm | 12,000원

리스컴이 펴낸 책들

• 여행 | 에세이

현지인이 알려주는 싱가포르의 또 다른 모습들
지금 우리, 싱가포르
싱가포르는 작지만 멋진 풍경과 먹을거리, 즐길 거리 등이 풍성한 매력적인 여행지다. 이 책은 4년간의 싱가포르 생활을 통해 쌓은, 살아있는 정보들을 알려주는 여행 책이다. 유명 여행지는 물론 현지인만 아는 숨은 명소, 경험으로 얻은 꿀팁 등을 담았다.
최설희 글, 장요한 사진 | 276쪽 | 138×188mm | 13,500원

제주에서 만난 길, 바다, 그리고 나
나 홀로 제주
혼자 떠난 제주에서 만나는 관광지, 맛집, 카페, 숙소 등을 소개한 책. 일상에 지친 사람이라면 혼자 떠나보자. 이 책은 제주를 북서부, 북동부, 남동부, 남서부 4지역으로 나눠 자세히 소개하고, 혼여행족이 알아두면 좋을 팁과 플리마켓, 오일장 등의 정보도 담았다.
장은정 지음 | 296쪽 | 138×188mm | 13,000원

마음이 짠해 홀로 짠한 날
짠한 요즘
현실은 청춘에게 너그럽지 않다. 이 책은 짠한 청춘들에게 공감이란 이름의 위로를 건넨다. 사람에 지쳐 나 홀로 즐기는 혼술과 혼밥을 이야기하며 짠한 청춘을 다독인다. 누군가 알아주지 않아도, 누군가 인정하며 박수쳐주지 않아도, 부지런히 오늘을 채우는 당신. 그거면 됐다고…
우근철 지음 | 208쪽 | 138×190mm | 13,000원

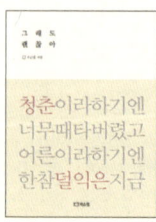

우근철 위로 에세이
그래도 괜찮아
100여 장의 사진과 70여 개의 이야기로 험난한 시대를 사는 청춘들에게 따뜻한 공감을 선물하는 사진 에세이. 초청 개인전을 열 정도로 뛰어난 사진 실력을 갖춘 작가의 사진과 페이스북에서 수많은 사람들의 사랑을 받은 글이 이 책의 가치를 더욱 높여준다.
우근철 지음 | 200쪽 | 138×190mm | 13,000원

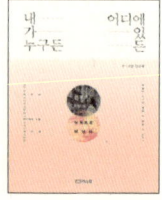

낯선 도시로 떠나 진짜 인생을 찾는 이야기
내가 누구든, 어디에 있든
낯선 도시 뉴욕에서 꿈을 살다 온 청춘의 이야기. 꿈, 희망, 행복, 친구, 여행 등을 담아낸 73개의 담백한 에피소드와 다양한 그림, 사진을 실었다. 이 책의 모든 그림들은 뉴욕에서 아트북을 출간할 정도로 감각적인 실력을 갖춘 김나래 작가가 직접 그렸다.
김나래 지음 | 240쪽 | 138×188mm | 13,000원

• 인테리어 | DIY

쉬운 재단, 멋진 스타일
내추럴 스타일 원피스
직접 만들어 예쁘게 입는 27가지 스타일 원피스. 모든 원피스마다 단계별, 부위별로 자세한 과정을 일러스트로 설명해준다. S, M, L 사이즈로 나뉜 실물 크기 패턴도 함께 수록되어 있어 재봉틀을 처음 배우는 초보자라도 뚝딱 만들 수 있다.
부티크 지음 | 112쪽 | 210×256mm | 10,000원

트러블·잡티·잔주름 없는 명품 피부의 비결
홈메이드 천연화장품 만들기
피부를 건강하고 아름답게 만들어주는 홈메이드 천연화장품 레시피 북. 클렌저, 로션, 세럼, 팩, 보디 케어 제품, 비누, 목욕용품 등 고급스럽고 내추럴한 천연화장품 35가지가 담겨 있다. 단계별 사진과 함께 자세히 설명되어 있어 누구나 쉽게 만들 수 있다.
카렌 길버트 지음 | 152쪽 | 190×245mm | 13,000원

집 구하기부터 배치, 수납, 인테리어까지
한 권으로 끝내는 신혼 인테리어
집 구하기부터 공간 배치, 수납, 가구 고르기, 인테리어 장식에 이르기까지 신혼집 인테리어의 모든 것을 알려주는 책. 남다른 감각이나 특별한 기술이 없어도 이 책에서 가르쳐주는 각 테마별 가이드라인을 하나하나 따라가다 보면 전체적으로 정돈된 멋진 인테리어가 완성된다.
카와카미 유키 지음 | 234쪽 | 153×214mm | 13,000원

작은 공간을 두 배로 늘려주는
정리와 수납 아이디어 343
'숨은 공간'을 활용하여 정리와 수납을 완성하도록 도와주는 책. 이 책에는 수납 전문가들의 노하우가 한가득 담겨있다. 기발한 아이디어를 사진으로 만나볼 수 있다. 다양한 사례를 접하다 보면 깔끔하게 정리하는 기술이 점점 눈에 들어올 것이다.
오렌지페이지 지음 | 128쪽 | 210×275mm | 10,000원

수납부터 가구배치까지… 인테리어 아이디어 50
좁은 집 넓게 쓰는 정리의 기술
좁은 집, 좁은 방을 좀 더 넓게 쓰고 싶은 사람을 위한 책. 싱글남녀, 신혼부부, 원룸족 등 수많은 사람들의 라이프 스타일을 바탕으로 집 안을 넓고 예쁘게 바꾸는 방법 50가지를 제안한다. 문제점과 해결책을 그림으로 한눈에 보여줘 쉽게 따라 할 수 있다.
가와카미 유키 지음 | 136쪽 | 170×220mm | 11,200원

• 건강

아침 5분, 저녁 10분
스트레칭이면 충분하다

몸은 튼튼하게 몸매는 탄력있게 가꿀 수 있는 스트레칭 동작을 담은 책. 아침 5분, 저녁 10분이라도 꾸준히 스트레칭하면 하루하루가 몰라보게 달라질 것이다. 아침저녁 동작은 5분을 기본으로 구성, 좀 더 체계적인 스트레칭 동작을 위해 10분, 20분 과정도 소개했다.

박서희 지음 | 88쪽 | 215×290mm | 8,000원

하루 15분
필라테스 홈트

필라테스는 자세 교정과 다이어트 효과가 매우 큰 신체 단련 운동이다. 이 책은 전문 스튜디오에 나가지 않고도 집에서 얼마든지 필라테스를 쉽게 배울 수 있는 방법을 알려준다. 난이도에 따라 15분, 30분, 50분 프로그램으로 구성해 누구나 부담 없이 시작할 수 있다.

박서희 지음 | 128쪽 | 215×290mm | 11,200원

통증 다스리고 체형 바로잡는
간단 속근육 운동

통증의 원인은 속근육에 있다. 한의사이자 헬스 트레이너가 통증을 근본부터 해결하는 속근육 운동법을 알려준다. 마사지로 풀고, 스트레칭으로 늘이고, 운동으로 힘을 키우는 3단계 운동법으로, 통증 완화는 물론 나이 들어서도 아프지 않고 지낼 수 있는 건강관리법이다.

이용현 지음 | 156쪽 | 182×235mm | 12,000원

국내 최고 의료진과 전문 영양사의 처방
비만클리닉, 똑똑한 레시피로 답하다

분당서울대학교병원 의료진과 영양사가 알려주는 비만의 모든 것. 비만의 원인과 비만으로 생기는 질병, 소아 비만과 노인 비만, 올바른 식이요법과 운동법, 약물 치료와 수술 등을 상세히 알려준다. 각 음식과 한 끼, 하루 식단에 칼로리와 나트륨, 영양 구성도 표시했다.

분당서울대학교병원·한화호텔앤드리조트 지음 | 320쪽 | 188×245mm | 18,000원

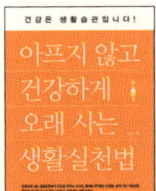

건강은 생활습관입니다!
아프지 않고 건강하게 사는 생활실천법

국내 식품영양학의 최고 권위자이자 장수박사로 유명한 유태종 교수가 그동안의 경험과 연구결과를 모아 건강장수비법을 정리했다. 생활습관, 식사법, 운동법, 마음건강법 등 4개의 장으로 나누어 건강과 장수의 이론과 실제 사례, 구체적인 생활실천법을 소개한다.

유태종 지음 | 256쪽 | 152×223mm | 13,000원

• 육아 | 자녀교육

산부인과 의사가 들려주는 임신 출산 육아의 모든 것
똑똑하고 건강한 첫 임신 출산 육아

임신 전 계획부터 산후조리까지 현대를 살아가는 임신부를 위한 똑똑한 임신 출산 육아 교과서. 20년 산부인과 전문의가 인터넷 상담, 방송 출연 등을 통해 알게 된, 임신부들이 가장 궁금해하는 것과 꼭 알아야 것들을 알려준다.

김건오 지음 | 352쪽 | 190×250mm | 17,000원

언제 어디서나 갖고 다니며 펼쳐보는
임신 출산 핸디북

가방 속에 갖고 다니면서 볼 수 있는 임신 가이드 북. 임신 출산 과정에서 꼭 알아야 할 정보들만 알차게 구성했다. 임신 시기별 증상과 산전 검사, 식습관과 운동, 아기의 성장 단계, 진통과 분만, 신생아 검사, 출산 후 궁금증까지 임신 전 과정이 알찬 정보가 가득 담겨 있다

사라 조던·데이비드 우프버그 지음 | 서예진 옮김 | 240쪽 | 140×185mm | 12,000원

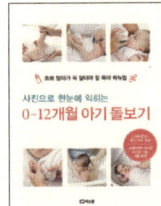

초보 엄마가 꼭 알아야 할 육아 매뉴얼
사진으로 한눈에 익히는 0~12개월 아기 돌보기

초보 엄마 아빠에게 꼭 필요한 육아 가이드북. 출생 후 12개월까지 안아주기, 수유하기, 기저귀 갈기, 달래기, 목욕시키기 등 아이 돌보기의 모든 것이 풍부한 사진과 함께 상세히 설명되어 있어 쉽게 따라 할 수 있다.

프랜시스 윌리엄스 지음 | 112쪽 | 190×260mm | 10,000원

엄마와 아기가 함께 하는 사랑의 스킨십
튼튼~ 쑥쑥~ 아기 마사지

전문가에게 직접 마사지를 받지 않아도 집에서 엄마의 손길로 해줄 수 있는 마사지 방법이 모두 소개되어 있다. 아기 몸의 특징, 베이비 마사지의 효과와 방법, 소화불량·식욕부진·변비 해소 등 아기의 다양한 증상별 마사지법이 담겨 있다.

야마다 미츠토시 지음 | 136쪽 | 140×185mm | 9,800원

독서와 질문으로 생각하는 힘 키우기
하브루타 창의력 수업

교육 1번지 대치도서관 관장이 경험을 바탕으로 유대인의 교육법인 하브루타와 독서를 접목한 '하브루타 독서법'을 소개한다. 함께 책을 읽고 질문하고 토론함으로써 아이들의 사고력과 창의력을 키우는 기적의 독서법이다. 가정에서 부모가 아이와 함께 진행할 수 있도록 상세한 방법과 사례를 담았다.

유순덕 지음 | 216쪽 | 152×223mm | 13,000원

유익한 정보와 다양한 이벤트가 있는
리스컴 블로그로 놀러 오세요!

홈페이지 www.leescom.com
리스컴 블로그 blog.naver.com/leescomm
인스타그램 www.instagram.com/leescom

만들어두면 일주일이 든든한
오늘의 밑반찬

요리·글 | 최승주

사진 | 김인규(아이 엔 스튜디오 031-916-1387)
어시스트 | 심진보

편집 | 김연주 안혜진 이희진
디자인 | 최수희
마케팅 | 김종선 이진목
경영관리 | 남옥규

인쇄 | 금강인쇄

초판 1쇄 | 2019년 4월 2일
초판 3쇄 | 2019년 7월 15일

펴낸이 | 이진희
펴낸 곳 | ㈜리스컴

주소 | 서울시 강남구 광평로 295, 사이룩스 서관 1302호
전화번호 | 대표번호 02-540-5192
　　　　　영업부 02-540-5193
　　　　　편집부 02-544-5933 / 544-5944

FAX | 02-540-5194
등록번호 | 제 2-3348

이 책은 저작권법에 의하여 보호를 받는 저작물이므로
이 책에 실린 사진과 글의 무단 전재 및 복제를 금합니다.
잘못된 책은 바꾸어드립니다.

ISBN 979-11-5616-160-8 13590
책값은 뒤표지에 있습니다.